Rolf Koch / Hilmar Geibert

# Stundenblätter Geographie

9./10. Schuljahr

43 Seiten Beilage

Ernst Klett Stuttgart

CIP-Kurztitelaufnahme der Deutschen Bibliothek

**Koch, Rolf:**
Stundenblätter Geographie / Rolf Koch ; Hilmar Geibert. –
Stuttgart : Klett

NE: Geibert, Hilmar:

Schuljahr 9/10. – 1. Aufl. – 1981.
 ISBN 3-12-927501-0


1. Auflage 1981
Alle Rechte vorbehalten
Fotomechanische Wiedergabe nur mit Genehmigung des Verlages
© Ernst Klett, Stuttgart 1981
Satz: G. Müller, Heilbronn
Druck: Wilhelm Röck, Weinsberg
Einbandgestaltung: Zembsch' Werkstatt, München

# Inhalt

## I Der Geographieunterricht im Wandel ... 7

1 Zielsetzung ... 7
2 Rampenstruktur, Lernspirale und Säulenmodell als lernprozeßgliedernde Elemente der neuen Erdkunde ... 8
3 Der Geographieunterricht in den Abschlußklassen der Sekundarstufe I ... 12
4 Rückblick und Ausblick ... 14

## II Einführung in die Unterrichtsmodelle ... 15

1 Zum unterrichtlichen Einsatz ... 15
2 Strukturskizze zur Planung und Analyse lernzielorientierten Unterrichts ... 16

## III Unterrichtsmodelle ... 17

1 Raumordnung und Planungsaufgaben ... 17

1.1 Strukturanalyse eines ländlichen Raumes: Entwicklungschancen für ein strukturschwaches Gebiet – Region Westpfalz ... 18
1.2 Strukturanalyse eines Verdichtungsraumes: Beispiel Rhein-Main ... 23
1.3 Die Planung des Braunkohlenabbaus – ein Teil der Raumplanung in Nordrhein-Westfalen ... 26
1.4 Raumordnung im Alpenraum ... 29

2 Umweltbelastung und Umweltschutz ... 34

2.1 Müllbeseitigung – Probleme der geordneten Entsorgung ... 34
2.2 Rheinverschmutzung und Rheinsanierung ... 37
2.3 Luftverschmutzung ... 40

3 Wirtschaftsordnungen in ihrer Raumwirksamkeit: Landwirtschaft in der BR Deutschland / Landwirtschaft in der DDR ... 44

4 Das Leben in der Einen Welt ... 56

4.1 Hat die Erde Raum für alle? ... 56
4.2 Entwicklungsländer / Entwicklungshilfe ... 60
4.3 Welthandel und Weltverkehr ... 75
4.4 Staaten schließen sich zu Wirtschaftsgemeinschaften zusammen ... 84

# Übersicht über die Stundenblätter

Strukturanalyse eines ländlichen Raumes: Entwicklungschancen für ein strukturschwaches Gebiet – Region Westpfalz
1. Stunde: Die Region Westpfalz – ein Passivraum zwischen Aktivräumen
2./3. Stunde: Der Westpfälzische Problemkreis
4./5. Stunde: Lösungsmöglichkeiten für die Probleme der Region Westpfalz
6./7. Stunde: Die Universitätsgründung in Kaiserslautern als Beispiel für raumplanerische Entwicklungsmaßnahmen

Strukturanalyse eines Verdichtungsraumes: Beispiel Rhein-Main
1./2. Stunde: Das Wachstum des Verdichtungsraumes
3./4. Stunde: Verdichtungsräume: Entstehung – Vorteile – Nachteile

Die Planung des Braunkohlenabbaus – ein Teil der Raumplanung in Nordrhein-Westfalen
1./2. Stunde: Braunkohletagebau und Rekultivierung

Raumordnung im Alpenraum
1./2. Stunde: Ausverkauf der Alpen?
3./4. Stunde: Maßnahmen zur Erhaltung der Alpenlandschaft

Müllbeseitigung – Probleme der geordneten Entsorgung
1./2. Stunde: Das Müllproblem
3./4. Stunde: Planung einer geordneten Deponie

Rheinverschmutzung und Rheinsanierung
1./2. Stunde: Konkurrierende Nutzungsansprüche und Gefährdungen
3./4. Stunde: Schwierigkeiten und Möglichkeiten der Rheinsanierung

Luftverschmutzung
1./2. Stunde: Wie große Städte zur Luftverschmutzung beitragen

Wirtschaftsordnungen in ihrer Raumwirksamkeit
1./2. Stunde: Landwirtschaft in der BR Deutschland
3./4. Stunde: Landwirtschaft in der DDR
5. Stunde: Landwirte aus Ost und West (Rollenspiel)

Hat die Erde Raum für alle?
1./2. Stunde: Die Menschheit wächst sprunghaft
3. Stunde: Die Verteilung der Erdbevölkerung
4./5. Stunde: Nahrung und Rohstoffe für alle Menschen?

Entwicklungsländer / Entwicklungshilfe
1./2. Stunde:    Auf der Erde gibt es ein Nord-Süd-Gefälle
3./4. Stunde:    Landwirtschaft in den Entwicklungsländern
5. Stunde:       Das Problem des Analphabetentums in den Entwicklungsländern
6. Stunde:       Bei einem Arzt im Nordosten Brasiliens
7. Stunde:       Religion und Kastenwesen hemmen die Entwicklung in Indien
8. Stunde:       In den Slums von Santiago de Chile
9./10. Stunde:   Entwicklungshilfe für die Länder der Dritten Welt
11./12. Stunde:  Die Industrieländer brauchen die Entwicklungsländer

Welthandel und Weltverkehr
1./2. Stunde:    Die Bundesrepublik Deutschland treibt mit vielen Ländern Handel
3./4. Stunde:    Transportmittel und Transportwege des Welthandels

Staaten schließen sich zu Wirtschaftsgemeinschaften zusammen
1./2. Stunde:    Europäische Staaten schließen sich zusammen: Die EG
3. Stunde:       Hauptproblem der EG: Der gemeinsame Agrarmarkt
4./5. Stunde:    Arme und reiche Länder / Regionen in der EG
6./7. Stunde:    Die Wirtschaftsgemeinschaft im Osten Europas: RGW
8. Stunde:       Wirtschaftliche Zusammenschlüsse in der Welt (Auswahl)

# I  Der Geographieunterricht im Wandel

## 1 Zielsetzung

Der Erdkundeunterricht heutiger Prägung versteht sich nicht mehr als reine Abbilddidaktik der wissenschaftlichen Geographie der Universitäten, sondern als Vertreter der Raumwissenschaften in der Schule. Im Unterricht werden räumliche Strukturen und Prozesse im Interdependenzgeflecht von Geo- und Humanfaktoren, in ihrer historischen, gegenwärtigen und zukunftsprojezierten Dimension, in ihrer spezifisch politischen, sozio-ökonomischen, kulturellen Prägung und Veränderbarkeit durch Wandel im politisch-gesellschaftlichen System oder als Folge veränderter Wertvorstellungen oder Neubewertungen aufbereitet.

Struktur- und Prozeßlernen im Erdkundeunterricht entsprechen fundierten lernpsychologischen Erkenntnissen. Dieser Unterricht zielt auf das Umgehenkönnen mit Kategorien und auf die Bereitstellung übertragbaren Wissens, das vom Schüler weitgehend selbständig operierend erworben wird. Der Schüler soll Raumverhaltenskompetenz erwerben und in die Lage versetzt werden, mit Hilfe von fachspezifischen Erkenntniskategorien und Methoden raumbezogene Fragestellungen und Probleme selbständig zu erschließen. Können und Handeln kennzeichnen in hohem Maße diese prozessuale Geographie. Im Unterricht wird Handeln durch Erkunden, in Rollenspielen, Planspielen und Simulationen im Sinne von Nachvollziehen räumlich relevanter Entscheidungsprozesse geübt, damit der Schüler später als mündiger und betroffener Bürger ähnlich gelagerten Realsituationen gewachsen sein kann.

Auf die einleitenden Teile I in den „Stundenblättern Geographie" 5/6 und 7/8 wird ergänzend hingewiesen.

## 2 Rampenstruktur, Lernspirale und Säulenmodell als lernprozeßgliedernde Elemente der neuen Erdkunde

Im Gegensatz zu den Naturwissenschaften bietet die Fachwissenschaft Geographie ihrer pädagogischen Disziplin keine Differenzierungs- und Strukturierungshilfen der Stoffe an, die lernpsychologischen Ansprüchen gerecht werden. Von dem lange praktizierten Stoffanordnungsprinzip „Vom Nahen zum Fernen", welches sich in einer „Land-für-Land-Kunde" alter Prägung niederschlug, ist man seit dem Geographentag in Kiel (1969) mit guten Gründen mehr und mehr abgerückt: „Der Wissenszuwachs im erdkundlichen Bildungsgang war schon immer in Gefahr, zu einer horizontalen Reihung gleicher Größen zu werden. Es fehlt eine vertikale Hierarchie, eine Architektur zu einer Spitze hin, eine Dramaturgie des Kanons. Fast scheint es beliebig, in welcher Höhe die Bausteine des Wissens vermauert werden. Warum Afrika und Amerika in der 7. Klasse (Quarta), Asien und Australien in der 8. (Untertertia), die Vereinigten Staaten und die SU in der 9. Klasse (Obertertia)? Welchen Prinzipien folgt eine solche Anordnung? Ist sie Konvention wie die Reihenfolge der Kontinente bei der Atlasgestaltung, oder ist sie zureichend empirisch begründet und psychologisch abgeleitet?" (Robert Geipel, 1975, S. 18).

Mit der Abkehr von der Länderkunde und der Hinwendung zur lernzielorientierten Sozialgeographie wurde die Frage nach einer logischen, sach- und schülergerechten Unterrichtssequenz der Richt-/Grobziele im Sinne eines kontinuierlichen Lehrgangs höchst aktuell (vgl. Kirchberg, 1980).

R. Geipel führte 1969 den Begriff „Rampenstruktur" und J. S. Bruner im Jahre 1970 den Begriff „Lernspirale" in die fachdidaktische bzw. allgemeindidaktische Diskussion ein.

Zusammen mit der „Säulenmodell"-Theorie des „Neu-Isenburger Kreises" (1971) liegen hier Instrumentarien vor, welche eine sach- und schülergerechte Abfolge der Ziele/Inhalte im reformierten Erdkundeunterricht gewährleisten können. Kirchberg (1980, S. 258) definiert die Termini „Rampenstruktur" und „Lernspirale" wie folgt:

„Der Begriff Rampenstruktur ... betont die Notwendigkeit von Einschnitten: Der Lehrplan muß deutlich konturierte Schritte im Sinne von Lernetappen vorgeben. Die Rampen markieren ein erreichtes Lernniveau, sie sind Stufen im Lernprozeß und müssen sich trennscharf voneinander abheben." (Vgl. dazu: „Stundenblätter Geographie" 5/6, S. 9f. und das nachfolgend zitierte Basiscurriculum des Verbandes Deutscher Schulgeographen.)

„Der Begriff Lernspirale ... stellt ein anderes Element dieses Fortschreitens vom Einfacheren zum Komplexeren heraus. Er betont die Notwendigkeit der Kontinuität und des Wiederaufgreifens von Themen und Zielen in einer aufsteigenden Linie... Es genügt also nicht, bestimmte Inhalte an einer Stelle des Lehrgangs zu ‚behandeln', sondern die erkannten Strukturen müssen in den weiterführenden Stufen wiederaufgenommen, vertieft und erweitert werden. Damit sind Rampenstruktur und Spiralcurriculum kein Gegensatzpaar, sondern sich ergänzende Aspekte, die zudem der fachlichen Akzentuierung durch das Säulenmodell bedürfen."

Während die Theorien der Rampenstruktur und der Lernspirale primär auf Lernziele hin angelegt sind, bezieht sich das Säulenprinzip auf Themen und Inhalte. Es exemplifiziert sozusagen die zielbezogene Rampenstruktur und Lernspirale.

Die Autoren der „Stundenblätter Geographie" waren von Beginn ihrer Arbeit den o. g. Prinzipien verpflichtet, was sich anhand ausgewählter „Säulen" belegen läßt:

## Thematische Säule „Reisen / Sich erholen"

| Stundenblätter Geographie | Themenfolge |
|---|---|
| 5/6 | Versorgung im Hochgebirge: Ossona und Isérables, zwei Gemeinden im Wallis<br>Reisen und sich erholen: Kriterien einer Reiseplanung/Probleme bei der Nutzung von Erholungsräumen: Starnberger See |
| 7/8 | Inwertsetzung für Tourismus: La Grande Motte im Languedoc – Roussillon |
| 9/10 | Ein europäischer Erholungsraum als Problemfeld der Raumordnung: „Ausverkauf der Alpen" |

## Thematische Säule „Umweltprobleme"

| Stundenblätter Geographie | Themenfolge |
|---|---|
| 5/6 | Ver- und Entsorgungsprobleme in Ballungsgebieten: Wohin mit dem Müll und Abwasser? |
| 7/8 | Zukunftssicherung – ein Gegenwartsproblem: Rohstoffknappheit und Recycling |
| 9/10 | Umweltbelastung und Umweltschutz |

## Thematische Säule „Wirtschaften"

| Stundenblätter Geographie | Themenfolge |
|---|---|
| 5/6 | Pflanzliche Rohstoffe: Edelhölzer aus dem tropischen Regenwald<br>Bodenschätze als Rohstoffe: Steinkohle aus dem Ruhrgebiet<br>Rohstoffsuche und Energiegewinnung: Uranerzsuche in Australien |
| 7/8 | Inwertsetzung durch Erschließung von Bodenschätzen und durch Industrialisierung: Die industrielle Erschließung Sibiriens<br>Zukunftssicherung – ein Gegenwartsproblem: Rohstoffknappheit und Recycling |
| 9/10 | Die Planung des Braunkohleabbaus<br>Wirtschaftsordnungen in ihrer Raumwirksamkeit |

## Thematische Säule „Meer"

| Stundenblätter Geographie | Themenfolge |
|---|---|
| 5/6 | Versorgung aus dem Meer: Fischfang auf hoher See |
| 7/8 | Das Deltaprojekt in den Niederlanden |
| 9/10 | Welthandel und Weltverkehr |

## Thematische Säule „Verkehr"

| Stundenblätter Geographie | Themenfolge |
|---|---|
| 5/6 | Transportwege und -mittel: Verkehrswege über die Alpen |
| 7/8 | Inwertsetzung durch Verkehrseinrichtungen: Straßenbau in Amazonien |
| 9/10 | Welthandel und Weltverkehr |

## Thematische Säule „Alpen"

| Stundenblätter Geographie | Themenfolge |
|---|---|
| 5/6 | Versorgung im Hochgebirge/ Verkehrswege über die Alpen |
| 7/8 | Lawinenkatastrophe in den Alpen |
| 9/10 | Ein europäischer Erholungsraum als Problemfeld der Raumordnung: „Ausverkauf der Alpen" |

## Thematische Säule „Bundesrepublik Deutschland"

| Stundenblätter Geographie | Themenfolge |
|---|---|
| 5/6 | Weinbauern am Kaiserstuhl/Unser Dorf bzw. ein Dorf in der Nähe unserer Stadt/Steinkohle aus dem Ruhrgebiet/Unsere Stadt/Starnberger See |
| 7/8 | Korrekturen am Oberrhein/Fluren werden bereinigt/Ein Agrarraum entwickelt sich zu einem Industrieraum: Der Raum Germersheim in der Südpfalz/Strukturwandel im Ruhrgebiet |
| 9/10 | Entwicklungschancen für ein strukturschwaches Gebiet: Region Westpfalz/Rheinverschmutzung/Rhein-Main-Raum/Alpenraum/ Verdichtungsräume etc. |

# 3 Der Geographieunterricht in den Abschlußklassen der Sekundarstufe I

1980 legte ein Ausschuß, der sich während des 42. Geographentages in Göttingen konstituierte, den einheitlichen Basislehrplan Geographie vor (vgl. S. 13).
Diesem Konzept folgt die dreibändige Unterrichtshilfe für den Lehrer „Stundenblätter Geographie".
So werden in der Klassenstufe 9/10 gesellschaftlich-politisch-wirtschaftliche Fragestellungen in ihren spezifischen Raumbezügen zu zentralen Inhalten des Erdkundeunterrichts:
– Raumordnung und Planungsaufgaben
– Umweltbelastung und Umweltschutz
– Wirtschaftsordnungen in ihrer Raumwirksamkeit
– Das Leben in der Einen Welt

Der Schüler soll die unter den o.g. Zielsetzungen/Themenstellungen betrachteten Räume als „Prozeßfelder sozialer/politischer Gruppen" (vgl. Lehrplanentwurf / Erdkunde – Sekundarstufe I für Rheinland-Pfalz mit Stand 1980, S. 5) kennen- und interpretieren lernen. Damit baut das Raumverständnis der Klassenstufe 9/10 auf dem Raumverständnis der Klassenstufen 5/6 und 7/8 auf (vgl. Theorie zur Lernspirale), geht jedoch über dieses hinsichtlich seiner Komplexität und seines Anspruchsniveaus hinaus, wie der Curriculum-Vorgabe des Verbandes Deutscher Schulgeographen zu entnehmen ist.

Nicht nur hinsichtlich der Inhalte und des Raumverständnisses hebt sich der Erdkundeunterricht in den Abschlußklassen der Sekundarstufe I von dem der Stufen 5/6 und 7/8 ab: Eigenes Profil gewinnt er auch durch seine stufenspezifischen Betrachtungs-, Denk- und Arbeitsweisen, die mit den Termini „regional und überregional", „zukunfts- und problemorientiert", „funktional" belegt werden können (vgl. Lehrplanentwurf / Erdkunde – Sekundarstufe I für Rheinland-Pfalz mit Stand 1980, S. 5).
In der oben skizzierten Weise realisiert, garantiert der reformierte Erdkundeunterricht in den Klassen 9 bzw. 10 einerseits einen qualifizierten Hauptschulabschluß bzw. Abschluß der Sekundarstufe I und führt andererseits die Schüler zur Sekundarstufe II hin. Belastend wirkt sich allerdings in einigen Bundesländern die Einstündigkeit des Faches in den Klassen 9 und 10 aus.

## Übersicht über das Gesamtkonzept des Basislehrplans Geographie

| Klasse | Stufenschwerpunkte | Lernzielbereiche | vorherrschende Betrachtungsweisen | Raumtypen | regionale Zuordnung und topographische Orientierung |
|---|---|---|---|---|---|
| 5 | **Stufe 1:** Grundlegende Einsichten in Mensch-Raum-Beziehungen | Daseinsgrundfunktionen in ihrer Raumwirksamkeit | beobachtende und beschreibende Betrachtungen; vorwiegend physiognomisch | überschaubare Einzelbilder und Fallbeispiele, dabei Raumtypen kontrastierender Art | weltweit |
| 6 | | | | | Deutschland |
| 7 | **Stufe 2:** Analyse von raumprägenden und raumverändernden Faktoren | naturgeographische Faktoren in ihrer Raumwirksamkeit | analytische und kausale Betrachtung; vorwiegend genetisch | Regionen unterschiedlicher Naturausstattung | Klima und Vegetationszonen; Großrelief der Erde, Deutschland, Europa, Afrika |
| 8 | | wirtschafts- und sozialgeographische Faktoren in ihrer Raumwirksamkeit | | Regionen unterschiedlichen Entwicklungsstandes | wirtschafts- und sozialgeographische Gliederung der Erde; Lateinamerika, Asien |
| 9 | **Stufe 3:** Auseinandersetzung mit Gegenwartsfragen und -aufgaben | Wirtschaftsordnungen und Gesellschaftssysteme in ihrer Raumwirksamkeit | problem- und zukunftsorientierte Betrachtung; vorwiegend funktional | Regionen, Staaten, Großräume | Deutschland, DDR, USA, UdSSR; Industrie-, Entwicklungsländer; Wirtschaftsblöcke; weltwirtschaftliche Zusammenhänge |
| 10 | | | | | Schulstandort, Heimatregion, Bundesland |

# 4 Rückblick und Ausblick

Das Jahrzehnt nach dem Kieler Geographentag im Jahre 1969 hat die Schulerdkunde entscheidend verändert. Mit Recht bezeichnet A. Schultze (1979, S. 69) rückblickend diese Zeit als die „produktivste Epoche der Geographiedidaktik". Eine Flut von Veröffentlichungen – meist theoretischer Art – belegt diese These. Bei dem vorliegenden Angebot an Fachdidaktiken zur reformierten Erdkunde hat der Leser die Qual der Wahl, und noch immer werden Neuerscheinungen, u. a. auf dem Zeitschriftenmarkt, angekündigt bzw. angeboten. Es hat den Anschein, als ob die Innovationswelle in der Fachdidaktik mit ungebrochenem Anfangselan weiterrolle. Doch dieser Anschein trügt. Eine allgemeine Reformmüdigkeit macht sich allenthalben breit, welche die begrüßenswerten Neuerungen in hohem Maß zu gefährden scheint.

Das Fach Erdkunde benötigt nach dem stürmischen Jahrzehnt der Reformen und Erneuerungen nunmehr eine Phase der Konsolidierung und praktischen Bewährung.

Neue theoretische Modelle und Ideen sind derzeit für die Erdkunde und den Lehrer „vor Ort" weit weniger von Nutzen – ja sie machen das Bild „Fachdidaktik" noch verworrener und buntscheckiger – als Beiträge und Hilfen zur Realisation und praktischen Gestaltung des Unterrichts. Hier zeigen sich deutliche Defizite, wie die Nachfrage zeigt. Die Autoren der dreibändigen „Stundenblätter Geographie" sind angetreten, ihren Beitrag zur Behebung dieses Defizites zu leisten, um gleichzeitig aber auch den fachdidaktischen Neuerungen die Möglichkeit zur Bewährung in der Praxis zu geben. Mögen die „Stundenblätter Geographie" unter dieser Zielsetzung den Erdkundelehrern aller Schularten eine Hilfe sein!

## Literatur

Bruner, J. S.: Der Prozeß der Erziehung. Berlin/Düsseldorf, 1970

Geibert, H.: Das Prinzip der Strukturierung als ein Bedingungsfaktor für Lernleistungen im Erdkundeunterricht. In: GU 3/1978. Köln

Geipel, R.: Industriegeographie als Einführung in die Arbeitswelt. Braunschweig 1975

Kirchberg, G.: Rampenstruktur und Spiralcurriculum der Geographie in der Sekundarstufe I. In: Geographische Rundschau 5/1980. Braunschweig

Koch, R. (Hrsg.): Freizeit- und Erholungsräume, Themenheft 1. In: GU 3/80. Köln

Koch, R. / Schäfer, R.: Raumordnungs- und Umweltschutzprobleme im Erdkundeunterricht der Sekundarstufe I. In: GU 4/1978. Köln

Schultze, A.: Didaktische Innovationen. In: Peter Sedlacek, Osnabrücker Studien zur Geographie, Band 2. Osnabrück 1979

# II Einführung in die Unterrichtsmodelle

## 1 Zum unterrichtlichen Einsatz

Jedes Unterrichtsmodell wird durch ein Grobziel geprägt, das am Ende der Unterrichtseinheit vom Schüler erreicht werden soll. Dem Grobziel wird ein konkretes Fallbeispiel / Lerninhalt zugeordnet, dessen Bildungsgehalt und Auswahlkriterien in einer übergreifenden didaktischen Konzeption oder in einem speziell zugeschnittenen didaktischen Abriß dargelegt werden. Zu jedem Fallbeispiel gehört eine Sachinformation, die den Lehrer in den stofflichen Hintergrund einführt, gleichzeitig auch als Informationsmaterial für den Schüler dienen kann.

Das Grobziel der Unterrichtseinheit wird in Mittelziele (Stundenziele) differenziert, jedem dieser Ziele werden operationalisierte Feinziele und entsprechende Strukturbegriffe zugeordnet. In einem Überblick über die gesamte Unterrichtseinheit wird die methodische Grobstruktur transparent. Die Aufbereitung der Einzelstunden mit Stundenverlauf, eventueller Hausaufgabenstellung und Tafelbild bzw. Vorlage für Overhead-Folie erfolgt in den eigentlichen Stundenblättern, die dem Band beigegeben sind. Jedes Unterrichtsmodell enthält eine Auflistung der im Unterricht verwendbaren Medien und der benutzten Literatur und verweist auf Lehrbücher, die die gleiche oder eine ähnliche Thematik behandeln.

## 2 Strukturskizze zur Planung und Analyse lernzielorientierten Unterrichts

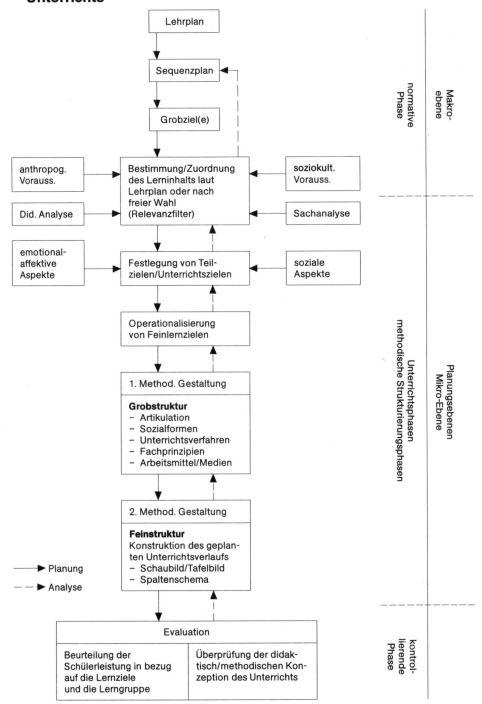

(Quelle: Geibert, H./Koch, R. Wörth – ein aufstrebender Industrieort in der Südpfalz. Zur Theorie und Praxis lernzielorientierter Unterrichtsplanung. Ein Unterrichtsbeispiel für das 8. Schuljahr. In: Beiheft GR 6/1978, S. 280)

# III Unterrichtsmodelle

## 1 Raumordnung und Planungsaufgaben

### Didaktische Konzeption

Der Erdkundeunterricht zielt auf Qualifikationen zur räumlichen Daseinsbewältigung. Dabei rücken in den Abschlußklassen der Sekundarstufe I politisch-gesellschaftliche Problemstellungen verstärkt in den Vordergrund. Vor dem Hintergrund von Raumordnungs- und Planungsaufgaben wird der Raum als Prozeßfeld sozialer und politischer Gruppen erfaßbar und beurteilbar. Die folgende Übersicht zeigt eine Auswahl raumplanerischer Problemfelder mit besonders starker geographischer Relevanz:

*Siedlungs-/Funktionsstruktur*
– Siedlungsstandorte
– Zentralörtliche Gliederung
– wachsende, stagnierende, schrumpfende Gemeinden

*Wirtschaftsstruktur*
– Arbeitsplatzbeschaffung
– Industriestandorte
– Agrarstruktur
– Wandel/Umstrukturierung
– Energieversorgung

*Bevölkerungs-/Erwerbsstruktur*
– Bevölkerungsentwicklung
– sozioökonomischer Wandel
– Ab- und Zuwanderungsbewegungen
– Pendlerproblematik

*Infrastruktur*
– Verkehrsnetz, -erschließung
– öffentliche Einrichtungen (Schulen / Krankenhäuser / Verwaltungseinrichtungen etc.)

*Umweltproblematik*
– Versorgung (Trinkwasser etc.)
– Entsorgung (Abwasser / Müll / atomare Rückstände etc.)
– Standortentscheidungen für Kraftwerke
– Landschaftsschutz
– Schaffung von Erholungsräumen unterschiedlicher Größenordnung

Die Fragestellungen und Lösungsvorschläge der Raumordnung und ihrer Disziplin des Umweltschutzes geben dem Schüler und dem künftigen mündigen Staatsbürger Ordnungsinstrumente zur Daseinsfürsorge und Handlungsstrategien für zukünftige räumliche Entwicklungsprozesse an die Hand. Raumordnungsprobleme sind besonders bildungsintensiv, weil sie
– konkret und in der räumlichen Umwelt des Schülers real erlebbar sind,
– sich auf Aspekte verschiedener Schulfächer beziehen und fächerübergreifenden Unterricht fördern,
– gesellschaftliche Konflikte ohne vordergründige Politisierung vermitteln,
– Konfliktlösungen erfordern, die häufig von allen politischen Parteien getragen werden.

Die Grundlagen für die intensive Behandlung von Raumordnungsthemen in den Abschlußklassen der Sekundarstufe I müssen sukzessive in der Primarstufe anbahnend, in der Orientierungsstufe beginnend, in allen darauf folgenden Klassen vertieft und erweitert werden.

Raumordnungs- und Raumplanungsprobleme werden an vier Raumbeispielen dargestellt:

- Ländlicher Raum: Raumindividuum Region Westpfalz,
- Verdichtungsraum: Raumindividuum Region Rhein-Main,
- und als Sonderfälle das Rheinische Braunkohlenrevier und der Alpenraum.

Die beiden ersten Raumindividuen besitzen jeweils für die Gebietskategorie, die sie repräsentieren, Signifikanzcharakter, so daß die hier gewonnenen Einsichten auch auf andere Raumindividuen transferiert und die selbständige Analyse und Erschließung von Räumen ähnlicher Prägung erleichtert wird. Die Siedlungs- und Rekultivierungsmaßnahmen im Rheinischen Braunkohlenrevier verdeutlichen sehr anschaulich die Verwirklichung der gängigen Auffassung von Raumordnung ohne die Beschränkungen durch die vor dem Braunkohlenabbau vorhandene gewachsene materielle Infrastruktur bei der Neugestaltung der Landschaft.

Der Alpenraum wurde ausgewählt, da hier die vernetzenden Wirkungen des Tourismus auf die physische und sozio-ökonomische Umwelt und die Notwendigkeit von Raumordnung und Raumplanung deutlich werden. Die Behandlung dieser vier Raumindividuen zeigt dem Schüler die außerordentliche Komplexität von Raumordnungs- und Planungsaufgaben, gibt ihm aber gleichzeitig Instrumente zum Verständnis unterschiedlich strukturierter Räume an die Hand.

## 1.1 Strukturanalyse eines ländlichen Raumes: Entwicklungschancen für ein strukturschwaches Gebiet – Region Westpfalz

**Grobziel**

Einsicht in die Probleme und Entwicklungschancen eines strukturschwachen Raumes

**Didaktischer Abriß**

Nach Artikel 2 des GG wird jedem Bürger der Bundesrepublik Deutschland die „freie Entfaltung seiner Persönlichkeit" garantiert. Räumlich betrachtet gibt es noch Diskrepanzen zwischen dem Verfassungsanspruch und der Raumwirklichkeit. Gebieten der Bundesrepublik, in denen sich die Bevölkerung weniger frei entfalten kann, da die Lebens- und Arbeitsbedingungen hinter der generellen Entwicklung zurückgeblieben sind, stehen solchen gegenüber mit einer weitgehenden Realisierung des Verfassungsanspruchs. Man konstatiert eine soziale und wirtschaftliche Unausgeglichenheit der einzelnen Teilräume der Bundesrepublik Deutschland, eine ungleichwertige Ausstattung und damit verbunden ein unterschiedlicher Lebens-, Leistungs- und Versorgungsstandard.

Im Rahmen dieser Unterrichtseinheit soll der Schüler erkennen, daß es Aufgabe des Staates ist, raumwirksam tätig zu werden, um den Forderungen des GG gerecht zu werden, d. h. der Bevölkerung in allen Teilräumen unseres Staates die räumlichen Voraussetzungen für die gleichwertigen – nicht aber gleichartigen – Lebensverhältnisse zu schaffen, die natürlichen Lebensgrundlagen dabei zu erhalten, zu sichern und wenn nötig noch zu verbessern. Der Schüler erfährt, daß die raumordnerischen Vorstellungen auf Bundesebene ihre Umsetzung in den einzelnen Ländern auf der Ebene der Landesplanung, Landesentwicklungspläne und der Regionalpläne erhalten. Dem Schüler wird deutlich, daß man dabei versucht, die Daseinsvorsorge für eine planmäßige Gestaltung eines Raumes mit den Gegebenheiten der Natur, des Raumes und den Interessen und Belangen der Bürger in Einklang zu bringen.

Die Region Westpfalz steht stellvertretend für Schwerpunkträume der Bundesrepublik Deutschland mit besonderen Strukturschwächen in der Erwerbs- und Infrastruktur. Am Raumbeispiel Westpfalz lernt der Schüler die

Probleme und Entwicklungsmöglichkeiten eines strukturschwachen Raumes, eines Passivraumes, kennen. Die unterrichtliche Behandlung dieses Raumindividuums erleichtert dem Schüler die weitgehend selbständige Erschließung anderer Räume mit ähnlich gelagerten Problemen und fördert das Verständnis für die Anliegen von Raumordnung und Raumplanung.

**Sachinformation**

Die Region Westpfalz liegt im Südwesten des Bundeslandes Rheinland-Pfalz. Oberzentrum der Region ist die Stadt Kaiserslautern. Auf mehr als 3000 km² leben rund 521 000 Einwohner. Geprägt wird diese Region durch
- ihre historisch bedingte geopolitische Randlage,
- die natürliche Standortungunst der Landwirtschaft in weiten Teilen der Region,
- fehlende Rohstoffvorkommen,
- eine noch nicht ausreichende Verkehrserschließung,
- einen hohen Anteil an stagnierender bzw. schrumpfender Industrie (z. B. Monostruktur im Südteil der Region = Schuhindustrie),
- einen geringen Anteil an Wachstumsindustrie (z. B. Opel-Zweigwerk in Kaiserslautern, das von 4000 auf 7000 Arbeitsplätze erweitert wird),
- einen hohen Flächenbedarf der verbündeten Streitkräfte (10% der Arbeitsplätze bei den Stationierungsstreitkräften),
- einen hohen Anteil an Pendlern (1970: 85 000, davon ca. 22 000 außerhalb der Region),
- hohe Wanderverluste (in den letzten 5 Jahren 16 000),
- eine hohe Arbeitslosenquote besonders unter Jugendlichen,
- eine geringe Zahl offener Stellen,
- niedriges Lohn- und Gehaltsniveau,
- einen geringen Anteil an weiterführenden Schulabschlüssen,
- ein Geburtenniveau von unter 9 bezogen auf 1000 Einwohner,
- einen natürlichen Bevölkerungssaldo von 3,1 auf 1000 Einwohner,
- eine Bevölkerungsdichte von 173.

*Strukturschwächen in der Erwerbs- und Infrastruktur der Westpfalz*

In den letzten Jahren wurden in dieser Region große Anstrengungen unternommen, um den Entwicklungsrückstand aufzuholen. Doch bleibt der Abstand zu den umliegenden Verdichtungsräumen immer noch beträchtlich. Die Aktivitäten im Bereich der Bildung, der Krankenhausversorgung und Freizeiteinrichtungen finden in der rückläufigen Bevölkerungsentwicklung ihre ökonomisch vertretbaren Grenzen. Dieser Passivraum braucht zu seiner Entwicklung äußere Entwicklungsimpulse, wobei sich folgende Ansatzpunkte bieten:
- die historisch bedingte Randlage wandelt sich in der EG zu einer Zentrallage,
- die Lage zwischen Verdichtungsräumen,
- preiswerte Grundstücke,
- vorhandene, erschlossene Industriegelände,
- staatliche Förderung der Industrieansiedlung,
- verstärkte Verkehrserschließung, insbesondere im Autobahnbau,
- Arbeitskräftereservoir,
- hoher Freizeit-, Wohn- und Erholungswert (Naturpark Pfälzer Wald),
- geringe Umweltbelastung,
- Universität Kaiserslautern (Mathematische/Naturwissenschaftliche Fakultäten).

(Quelle: Koch, R.: GU 2/1980)

**Differenzierung des Grobziels: Stundenziele / Feinziele und Zuordnung von Strukturbegriffen**

1 Kenntnis von Standortproblemen, Strukturnachteilen und der geographischen Lage der Region Westpfalz
1.1 Die Lage der Region Westpfalz innerhalb der Bundesrepublik Deutschland und der EG beschreiben
1.2 Standortprobleme, Strukturnachteile der Region auflisten
1.3 Bundesligaorte lokalisieren und Verdichtungsräumen bzw. ländlichen Räumen zuordnen
1.4 Das geographische Handikap des Bundesligaclubs 1. FC Kaiserslautern erläutern

*Strukturbegriffe:* Standortprobleme, Strukturnachteile, geographisches Handikap

2 Kenntnis der Ursachen des Entwicklungsrückstandes der Region
2.1 Physiogeographische und wirtschaftsgeographische Faktoren der Region Westpfalz nennen und erläutern
2.2 Landwirtschaftliche und industrielle Nutzung der Region Westpfalz beschreiben
2.3 Die fehlenden Rohstoffvorkommen und die ungünstige Verkehrslage als Mitursachen für den Entwicklungsrückstand nennen
2.4 Bedeutung und Auswirkungen von Pendlertum und Abwanderungen beschreiben
2.5 Die Region Westpfalz Schwerpunkträumen mit besonderen Strukturschwächen zuordnen

*Strukturbegriffe:* Infrastruktur, Verkehrslage, schrumpfende, stagnierende, wachsende Industrie, Problemlandwirtschaft, Pendlertum, Abwanderung

3 Einsicht in die Notwendigkeit von Raumplanung und Wirtschaftsförderung bei der Schaffung wertgleicher Lebensverhältnisse
3.1 Entwicklungschancen der Region Westpfalz beurteilen
3.2 Notwendigkeit äußerer Entwicklungsimpulse begründen
3.3 Grundsätze des Raumordnungsgesetzes und des Landesplanungsgesetzes auf die Region Westpfalz beziehen
3.4 Positive Faktoren der Region Westpfalz auflisten und Vorschläge zu ihrer Nutzung entwickeln

*Strukturbegriffe:* Regionalplanung, Raumordnung, Wachstumsindustrie, Umweltqualität, Freizeit-, Erholungs-, Wohn-, Bildungswert

4 Einsicht in die regionale Bedeutung einer Universitätsneugründung
4.1 Voraussetzungen für die Gründung der Universität darlegen
4.2 Auswirkungen der Universitätsgründung auf die Bevölkerung beschreiben
4.3 Auswirkungen der Universitätsgründung auf Handel/Industrie und Dienstleistungsgewerbe erläutern
4.4 Die vernetzenden Wirkungen der Universität in der Region darstellen
4.5 Den Universitätsstandort Kaiserslautern mit anderen vergleichen

*Strukturbegriffe:* Universitätsstadt, strukturelle Änderungen, Strukturprobleme, Beschäftigungseffekte, Investitionsausgaben, Bildungswert, Kulturwert, Qualität des Arbeitskräfteangebots

**Medien**

*1. Lehrbücher*

Klett, TERRA Geographie 9/10, Zentrale Orte versorgen die Bevölkerung, S. 4 ff., Menschenwürdig wohnen, S. 84 ff., Ver-

## Überblick über die Unterrichtseinheit

Zeitrichtwert: 6–8 Stunden

**1. SENSIBILISIERUNGS-/MOTIVATIONSPHASE**

> Konfrontation mit einem Bundesligakommentar aus der FAZ vom 5. 3. 1979 „Zwischen Frust und Frost"

PROBLEMFINDUNG/PROBLEMFORMULIERUNG

HYPOTHESENBILDUNG
SONDIERUNG DES VORWISSENS
METHODENREFLEXION

**KOGNITIONSPHASE A = LZ 1**
- Lage der Region
- geographisches Handikap

**KOGNITIONSPHASE B = LZ 2**
- Ursachen des Entwicklungsrückstandes
- Zuordnung zu Schwerpunkträumen mit bes. Strukturschwächen

**KOGNITIONSPHASE C = LZ 3**
- Entwicklungschancen
- Notwendigkeit von Raumplanung und Wirtschaftsförderung

**2. SENSIBILISIERUNGS-/MOTIVATIONSPHASE**

> These: Universitäten sind Schrittmacher für die Entwicklung einer Region. Durch den Ausbau von Hochschulen wird die Regional- und Wirtschaftsstruktur einer Region massiv beeinflußt.

HYPOTHESENBILDUNG +
VERIFIKATION

**KOGNITIONSPHASE D = LZ 4**
1. Voraussetzungen für die Gründung
2. Auswirkungen auf die Bevölkerung
3. Auswirkungen auf Handel und Industrie
4. Strukturelle Effekte für die Region

kehrsprobleme – Verkehrsplanung, S. 142
Westermann, Welt und Umwelt 9/10, Wir fragen nach den Prozessen und Planungsaufgaben in unserer Umwelt, S. 360 ff.
Bagel, Neue Geographie 9/10, Aufgaben der Raumordnung und Raumplanung, S. 134 ff.

*2. Transparente*
Klett, Stadtplanung und Raumordnung (Nr. 99729)
Klett, Dorferneuerung / Stebbach (Nr. 99726)
Klett, Planspiel: Bau einer Talsperre (Nr. 99728)

Westermann:
Flächennutzungsplan Ihringen (35 9208)
Bebauungsplan Spittelhof (35 9209)
Landesplanung Baden-Württemberg (35 9210)
Bundesraumordnung (35 9211)
Energieplanung der Bundesrepublik Deutschland (35 9212)
Fachplanung (Schema) (35 9213)
Landschaftsplanung (35 9214)
Umwertung Oberwiesenfeld (35 9215)
Zentrale Orte (Modelle) (35 9216)
Flurplanung Zaberfeld II (35 9217)
Verwaltungsreform Niedersachsen (35 9218)

**Literatur**

Ganser, K.: Die regionale Bedeutung einer neu gegründeten Hochschule. In: Werkstattberichte des Fachbereichs Regional- und Landesplanung im Fachbereich Architektur / Raum- und Umweltplanung der Universität Kaiserslautern, Heft 5, Kaiserslautern 1978

Gatzweiler, H. P.: Der ländliche Raum. In: GR 1/1979

Koch, R.: Die Region Westpfalz – Soll und Haben, Eine Unterrichtseinheit für das 9. Schuljahr, in GU 2/1980

Klomann, U.: Planungs- und Ordnungsaufgaben in der Region Westpfalz. In: Der Erdkundelehrer. Jahrgang 17/78, Nr. 1

Kuhn, W.: Zur Behandlung der Regionalplanung in der Sekundarstufe II. In: Geographie und Schule, 4/1980

Planungsgemeinschaft Westpfalz, Regionaler Raumordnungsplan Westpfalz, Kaiserslautern 1973

Fuchs, G.: Die Bundesrepublik Deutschland, Stuttgart 1977

Fischer, K.: Die Westpfalz – morgen – Raumordnung und Entwicklungsplan, Kaiserslautern 1972

Fischer, K.: Regionalplanung und Umweltschutz. In: „Der Landkreis", Heft 8–9/1972

Börsch, D. (Hrsg.): Raumordnung – angewandte Geographie. In: Geographie und Schule, Fachdidaktik, Unterrichtspraxis mit Materialien für die Sekundarstufe II, Heft 4, Köln 1980

Ganser, K.: Raumordnung aus der Sicht des Geographen. In: GR 1/1976

Koch, R. / Schäfer, R.: Raumordnungs- und Umweltschutzprobleme im Erdkundeunterricht der Sekundarstufe I. In: GU 4/1978

Niedzwetzki, A.: Raumordnung und Landesplanung, S II Arbeitsmaterialien Geographie, Klett, Stuttgart 1977

Schöller, P. / Puls, W. W. / Buchholz, H. J.: Die Bundesrepublik Deutschland – Aspekte raumwirksamer Entwicklung und Probleme. In: Geographische Rundschau, Heft 4, Braunschweig 1980

Stahl, K. / Curdes, G.: Umweltplanung in der Industriegesellschaft, rororo tele, Hamburg 1970

## Anlagen

1. F.A.Z. FRANKFURT. So lange der 1. FC Kaiserslautern in der Bundesliga spielt, seit es diese gibt also, hatte der Verein unter einem gewissen geographischen Handicap zu leiden. Der Betzenberg liegt nicht an der deutschen Fußball-Magistrale, die von München über die nordrhein-westfälischen Ballungsgebiete nach Hamburg verläuft und den Südwesten nur flüchtig berührt. Standortprobleme und Strukturnachteile machten den Pfälzern, die sich zu Fritz Walters Zeiten in ihrem Oberligabereich noch in der Mittelpunktposition befanden, erheblich zu schaffen. Der 1. FC Kaiserslautern schien, als die erfolgreichsten Klubs des DFB zu einer überregionalen Klasse zusammengefaßt wurden, von vornherein auf eine Nebenrolle fixiert. So kam es denn auch.
Zwar überraschten die Pfälzer zwischendurch mit imponierenden Zwischenspurts, tauchten aber in den Saisonprognosen dennoch nie unter den Meisterschaftsanwärtern auf. Mehrmals schrammten sie knapp am Abstieg vorbei. Das geographische Handicap war offenbar zu groß, um konstante Höhenflüge zuzulassen.
(aus: FAZ, 5.3.1979)

## 2. Pfalz-Universität hat Karriere gemacht

In diesem Jahr feiert diese naturwissenschaftlich-technische Universität ihr zehnjähriges Bestehen.

Am Anfang stand die Improvisation. „Das Gebäude der ehemaligen Pädagogischen Hochschule war zwar etwas hergerichtet; wir mußten uns aber noch die Geräte bei den Schulen ausleihen, um überhaupt in den Vorlesungen etwas zu haben", berichtet Professor Ehrhardt (Universitätspräsident). Zum zweiten galt es, die notwendigen Bauten zu errichten. Der Universitätspräsident: „Lange Zeit arbeiteten wir in einer Baustelle."

### Für die Region

Nach Ehrhardts Angaben sind bis heute für Gebäude und Ausstattungen zwischen 300 und 350 Millionen Mark investiert worden. Der jährliche ordentliche Etat hat zwischenzeitlich die 50-Millionen-Grenze überschritten. Im nächsten Jahr wird er ein Volumen von 56 Millionen Mark haben. Dazu kommen Investitionsmittel und etwa 30 Millionen für Bauten. Die „Drittmittel" schließlich werden das Gesamtvolumen bei 100 Millionen Mark abrunden. Davon fließen wieder rund 50 Millionen in die Ballungszentren Frankfurt, Heidelberg oder Stuttgart ab. „Aber es bleibt auch hier in der Region viel Geld hängen. Dazu muß noch das Geld gerechnet werden, das die Studenten hier ausgeben", sagt, die wirtschaftliche Bedeutung der Hochschule für die Region unterstreichend, der Universitätspräsident, der darauf aufmerksam macht, daß dies ein konstanter Wirtschaftsfaktor sei, unabhängig von einer Rezession.

Nicht nur für die Region, auch für Kaiserslautern selbst wird sich nach Ehrhardts Ansicht die Universität in den nächsten Jahrzehnten vorteilhaft auswirken. Zwar sei Kaiserslautern noch keine typische Universitätsstadt, aber in 20, 30 Jahren werde es sich genauso wie Marburg oder Tübingen zu einer Universitätsstadt entwickeln. Langfristig werde sich auch das Kulturelle, das einer Universitätsstadt das Gepräge gebe, durchsetzen. Viel verspricht er sich auch von einer Kooperation zwischen der Hochschule und der Kaiserslauterer Wirtschaft, auch wenn dies ein langsamer Prozeß sei. Dieser Prozeß führe zu einer strukturellen Änderung. Habe es in Kaiserslautern früher nur reine Produktionsbetriebe gegeben, so werde schon jetzt die eine oder andere bessere Untersuchung gemacht. Die Qualität verändere sich. Im Laufe der Jahrzehnte wird – so der Universitätspräsident – Kaiserslautern ein Umland mit einer Reihe von kleineren Firmen haben, zu vergleichen mit dem „wunderbaren" Kranz, der sich heute im Gefolge der dortigen technischen Hochschule um Braunschweig winde.

Die Schwerpunkte der Universität sind heute gleichmäßig auf die Ingenieur- und Naturwissenschaften verteilt.

Professor Dr. Ehrhardt vertritt die Auffassung, daß die Universität, die heute rund 3500 Studenten hat, gegen Ende der achtziger Jahre ausgebaut sein wird. Das Endausbauniveau werde bei 7500 Studenten liegen. Diese Zahl basiere auf einer vernünftigen Abschätzung aller einschlägigen Faktoren.

(Quelle: Sonntag aktuell Nr. 20, 18. Mai 1980)

## 1.2 Strukturanalyse eines Verdichtungsraumes: Beispiel Rhein-Main

### Grobziel

Einsicht in Genese, komplexe Strukturen und Probleme eines Verdichtungsraumes.

### Didaktischer Abriß

Verdichtungsräume haben in der Bundesrepublik Deutschland eine dominierende Bedeutung. Hier leben auf rund 7% der Fläche fast 50% der Bevölkerung, arbeiten über 50% aller Arbeitnehmer. Gekennzeichnet wird diese Gebietskategorie u.a. durch die Konzentration von Wohn- und Arbeitsstätten, hochqualifizierten Arbeitsplätzen und hochwertiger Infrastruktur. Am Beispiel des wirtschaftlich expandierenden Verdichtungsraumes Rhein-Main erkennt der Schüler den Prozeß der kumulativen Verursachung in einem Aktivraum, der zum Problemkreis eines Passivraumes (vgl. Region Westpfalz) auffällig kontrastiert. Der Schüler erkennt Grundmuster für die Entstehung von Verdichtungsräumen, vernetzende Wirkungen und kann Vor- und Nachteile von Verdichtungsräumen gegenüberstellen.

**Sachinformation**

Als Rhein-Main-Gebiet wird die offene, flache Landschaft am Nordrand der Oberrheinischen Tiefebene bezeichnet. Hier liegen auf engem Raum die Städte Frankfurt, Wiesbaden, Mainz, Darmstadt, Offenbach und Hanau, um nur die wichtigsten zu nennen. Diese Verstädterungszone reicht von Bingen im W bis Aschaffenburg im O, von Friedberg im N bis Heppenheim im S. Dieser Raum wird geprägt durch verkehrsgeographische Lagevorteile. Frankfurt liegt im geographischen Mittelpunkt der Bundesrepublik Deutschland an der Nahtstelle dreier Landschaften: dem Rheinischen Schiefergebirge, dem Hessischen Berg- und Senkenland und der Oberrheinischen Tiefebene. Dadurch erhält der Raum eine sehr gute Sammel- und Mittellage für den Verkehr. Eisenbahnlinien, Autobahnen und Fernstraßen laufen hier zusammen. Hinzu kommt eine Vielzahl von regionalen Verbindungen.

Mit bis zu 45 000 Kfz pro Tag und Strecke muß der Rhein-Main-Raum eine der höchsten Verkehrsbelastungen der Bundesrepublik Deutschland verkraften. Über den Rhein und den kanalisierten Main ist dieses Gebiet mit dem europäischen Wasserstraßennetz verbunden. Frankfurt ist einer der bedeutendsten Binnenhäfen in der Bundesrepublik. Die herausragende Rolle des Frankfurter Flughafens unterstreicht die optimale Verkehrslage des Rhein-Main-Raumes.

Der größte Teil dieses Raumes mit dem Zentrum Frankfurt gehört zum Bundesland Hessen. Jeder dritte hessische Industriebetrieb ist hier angesiedelt, 40% der Beschäftigten Hessens erwirtschaften hier über die Hälfte des Industrieumsatzes. Chemie, Maschinenbau, Fahrzeugbau und Elektrotechnik sind die wichtigsten Branchen dieses Verdichtungsraumes. Durch seine zentrale Lage ist Frankfurt Sitz bedeutender Institutionen wie z.B. Bundesbahn, Bundesbank, Bundesrechnungshof, Bundespost, Börse, Niederlassungen ausländischer Firmen, Hauptverwaltungen von Banken. In Frankfurt sind 400 000 Menschen erwerbstätig, 200 000 Tagespendler kommen täglich aus einem Umkreis bis zu 140 km nach Frankfurt.

**Differenzierung des Grobziels:
Stundenziele/Feinziele und Zuordnung von Strukturbegriffen**

1  Einsicht in das Werden und die komplexe Struktur eines Verdichtungsraumes
1.1  Die Verkehrsgunst des Rhein-Main-Raumes erklären
1.2  Verkehrseinrichtungen lokalisieren und beschreiben
1.3  Die verkehrsgeographische Bedeutung Frankfurts für den Verdichtungsraum Rhein-Main und die Bundesrepublik Deutschland aufzeigen
1.4  Verkehrsgunst, Arbeitskräftereservoir und Gewerbeansätze als Voraussetzung der Industrieentwicklung charakterisieren
1.5  Branchen und Produkte des Rhein-Main-Raumes nennen
1.6  Den hohen Pendleranteil und die arbeitsintensive Produktion begründen

*Strukturbegriffe:* Industrialisierung, Verkehrsgunst, arbeitsintensive Produktion, Zulieferindustrie, Infrastruktur, Verdichtungsraum, Aktivraum

2  Einsicht in Probleme und vernetzende Wirkungen eines Verdichtungsraumes
2.1  Auswirkungen auf den Menschen und das ökologische Gleichgewicht beschreiben
2.2  Vor- und Nachteile eines Verdichtungsraumes gegenüberstellen
2.3  Notwendigkeit von Raumplanung im Verdichtungsraum begründen

*Strukturbegriffe:* Streß, Zersiedlung, Müll, Smog, Kriminalität, Wasserverschmutzung, Verkehrsprobleme, Umweltverschmutzung

**Medien**

*1. Lehrbücher*

Hirt-Schroedel, Geographie thematisch 7/8, Das Rhein-Main-Gebiet, S. 108 ff.
Klett, TERRA Weltkunde 6, S. 64 ff.
Klett, Geographie 5/6, S. 160 ff.
List, Geographie 5/6, Mensch und Erde, S. 130 ff.
Westermann, Welt und Umwelt 9/10, Wir untersuchen die Ursachen der weltweiten Verstädterung, S. 378 ff.
Bagel 9/10, Neue Geographie, Die Stadt als Wohn- und Arbeitsraum des Menschen, S. 86 ff.

*2. Atlanten*

Alexander Weltatlas, Klett, S. 8, S. 128, S. 15, S. 192–193
Diercke Weltatlas, Westermann, S. 14, S. 18, S. 19

*3. Dias/Filme (FWU)*

100698 Am Main
322055 Rhein-Main-Gebiet

*4. Transparente*

Westermann, Rhein-Main-Gebiet (Nr. 359160)
Perthes, Planung in Verdichtungsräumen; Beispiel: Rhein-Main-Gebiet (Nr. TA 9367)

**Literatur**

Elemente zur Unterrichtsplanung, Alexander Weltatlas, 1. Folge, Klett, Stuttgart
Diercke Handbuch, S. 45, S. 47, S. 48, Westermann, Braunschweig
Hahn, R.: Stadt – Vorzugsraum oder Krisengebiet. Klett, Stuttgart 1976
Haubrich, H. u. A.: Am Verkehr teilnehmen, Westermann Programm Sozialgeographie, Stadt, Braunschweig 1974
Fuchs, G.: Bundesrepublik Deutschland, S. 100 ff., Klett, Stuttgart 1977
Koch, R.: Verkehrsprobleme im Rhein-Main-Gebiet. In: Weltkundehandbuch II, Saarbrücken/Stuttgart 1979
Vester, F.: Ballungsgebiet in der Krise, Stuttgart 1976

**Überblick über die Unterrichtseinheit**

Zeitrichtwert: 4 Stunden

MOTIVATION

Topographisches Rätsel: wichtigste Stadt eines Verdichtungsraumes; sie erfüllt in der Bundesrepublik Deutschland Hauptstadtfunktionen im Bereich des Verkehrs-, Finanz- und Wirtschaftswesens; sie besitzt den international bedeutendsten Flughafen

HYPOTHESENBILDUNG

KOGNITIONSPHASE A = LZ 1
1. Wachstum des Wirtschaftsraumes Rhein-Main (Leitmedium FWU Film)
2. Modell der kumulativen Verursachung

KOGNITIONSPHASE B = LZ 2
1. Ursachen für die Entstehung von Verdichtungsräumen
2. Vor- und Nachteile des Lebens in Verdichtungsräumen

## 1.3 Die Planung des Braunkohlenabbaus – ein Teil der Raumplanung in Nordrhein-Westfalen

**Grobziel**

Einsicht in die Notwendigkeit vorausschauender Planung, zur Sicherung einer geordneten Raumgestaltung bei Interessenwahrung von Industrie, Bergbau, Landwirtschaft und Allgemeinheit im Rheinischen Braunkohlenrevier.

**Didaktischer Abriß**

Lernzielorientierter, thematischer Geographieunterricht intendiert grundlegende Einsichten in das Interdependenzgeflecht von Natur, Raum und Gesellschaft. In diesem Bezugsrahmen erhält ein Unterricht, der sich mit Bodenschätzen und ihrer Nutzung beschäftigt, seinen hohen Stellenwert.
Bodenschätze als Rohstoff- und Energielieferanten sind insbesondere für hochindustrialisierte Staaten und ihre Volkswirtschaften von entscheidender Bedeutung.
Am Beispiel der Braunkohle läßt sich in exemplarischer Weise die Gewinnung und Verwendung eines Bodenschatzes aufzeigen. Gleichzeitig wird dargestellt, wie durch den Tagebau sich ein gigantischer Eingriff und eine zeitweilige Zerstörung einer Landschaft vollzieht und wie durch die sich anschließende Rekultivierung der Raum seine Gestalt wandelt. Eng damit verflochten sind Fragestellungen sozialer und räumlicher Mobilität, Probleme der Raumplanung und des Umweltschutzes bei der Nutzung des Bodenschatzes Braunkohle.

**Sachinformation**

Im Städtedreieck Köln – Düsseldorf – Aachen lagern rund 55 Milliarden t Braunkohle, von denen nach heutigen Erkenntnissen 35 Milliarden t wirtschaftlich gewinnbar sind. Die hier geförderte Braunkohle wird zu 80% zur Stromerzeugung verwendet. Die Braunkohle als heimischer Energieträger erfüllt damit wichtige Forderungen aus wirtschaftspolitischer Sicht: Sie ist relativ preiswert, da sie im Tagebau gewonnen wird; sie ist relativ sicher, da sie in großen Mengen vorhanden ist; sie vermindert die Importabhängigkeit der Bundesrepublik von ausländischen Energiequellen. Die Entwicklung von Großschaufelradbaggern mit einer Tagesleistung von bis zu 200 000 m³ läßt eine wirtschaftliche Gewinnung der Braunkohle bei zunehmenden Deckschichten zu.
Tagebau bedeutet große Landinanspruchnahme. Hinzu kommt, daß im Bereich des nördlichen Braunkohlenreviers eine bedeutende Lößauflage vorzufinden ist, wodurch dieser Raum landwirtschaftlich genutzt und dichter besiedelt ist als das südliche Revier. Tagebau bedeutet somit vollständige Zerstörung einer dichtbesiedelten Landschaft. Im Braunkohlengesetz von 1950 werden die Fragen der Rekultivierung und der Umsiedlung geregelt. Ganze Ortschaften werden umgesiedelt, Straßen, Flüsse, Eisenbahnlinien verlegt. Bisher wurden 20 000 Menschen umgesiedelt, und bis zum Ende des Jahrhunderts sollen es weitere 9000 sein. Dabei ergibt sich eine Vielzahl menschlicher Probleme, wie der Verlust der Heimat und zusätzliche finanzielle Belastung beim Bau neuer Häuser. An die Stelle der ursprünglich agrargewerblichen Siedlungen mit ihrem Nebeneinander von Arbeitern, Pendlern und Bauern treten neue Siedlungen mit moderner Infrastruktur, denen das bäuerliche Element fehlt. Die bäuerliche Bevölkerung ist, soweit sie die Landwirtschaft noch betreibt, in Weiler oder Einzelhöfe auf rekultiviertem Gelände umgesetzt.

Tagebau und Rekultivierung vollziehen sich gleichzeitig. Im ausgekohlten Teil der Tagebaugruben erfolgt sofort die Wiederauffüllung durch Absetzgeräte mit einer Tagesleistung von bis zu 240 000 m³. Danach wird die Oberfläche wieder nutzbar gemacht.
Gebiete, die nicht landwirtschaftlich genutzt werden, werden nach entsprechender Vorbereitung aufgeforstet. In diese Wälder eingebettet sind Seen, die aus Resten nichtverfüllter Tagebaugruben entstanden.
Diese Waldseengebiete sind Erholungsräume für die Bewohner der unmittelbar angrenzenden Ballungsgebiete.
Das Beispiel des Rheinischen Braunkohlenreviers zeigt, daß die bergbauliche Nutzung einer Landschaft nicht mit ihrer Zerstörung enden muß, sondern daß sie durch Rekultivierung wieder nutzbar gemacht werden kann. Rekultivierung braucht nicht nur auf den Braunkohlentagebau beschränkt zu bleiben, sondern kann auch bei anderen zerstörerischen Eingriffen des Menschen in die Landschaft angewendet werden (s. untenstehende Übersicht).

1.1 Das Rheinische Braunkohlenrevier lokalisieren und das Wandern der Tagebaue beschreiben
1.2 Die Bedeutung des Energieträgers Braunkohle beschreiben
1.3 Über Möglichkeiten der Rekultivierung ausgekohlter Tagebaue berichten
1.4 Die Funktionen von Schaufelradbagger und Absetzer erläutern
1.5 Trocken- und Naßverfahren bei der Rekultivierung vergleichen
1.6 Siedlungen vor und nach der Verlegung beschreiben
1.7 Menschliche Probleme bei der Umsiedlung nennen
1.8 Rekultivierte Wald-Seen-Landschaften benachbarten Verdichtungsräumen zuordnen

*Strukturbegriffe:* Energieträger, fossiler Brennstoff, Kraftwerk, Tagebau, Ville, Schaufelradbagger, Absetzer, Abraum, Deckgebirge, Innenkippe, Außenkippe, Flöz, Brikettierfabrik, Rekultivierung, Strukturverbesserung, Flurbereinigung, Umsiedlung, Braunkohle als Rohstoff

**Differenzierung des Grobziels: Stundenziele/Feinziele und Zuordnung von Strukturbegriffen**

1 Einsicht in die Gewinnung eines Rohstoffs und die Rekultivierung einer Abbauregion

2 Einsicht in soziale, ökologische und raumplanerische Probleme beim Braunkohlentagebau

Feinziele vgl. Anweisungen zum Planspiel „Tagebau Hambach". In: Klett, Arbeitsmaterialien Geographie, Braunkohlenabbau und Rekultivierung, S. 17

| Art der Landschaftszerstörung | Nutzungsmöglichkeiten durch Rekultivierung |
|---|---|
| Kiesgruben | Erholungsflächen, Wald |
| Steinbrüche (z.B. Kalk, Sandstein) | Wald |
| Tongruben | Ackerland, Grünland |
| Braunkohlentagebau | Ackerland, Grünland, Erholungsflächen, Wald, Seen |
| Abraumhalden (z.B. Steinkohlen-, Kali-Bergbau) | Wald |
| Mülldeponie | Wald, Aussichtspunkt |

(Quelle: Koch, R., Arbeitsmaterialien Geographie „Braunkohleabbau und Rekultivierung", Klett 1978)

**Medien**

*1. Lehrbücher*

Klett: Geographie 5/6, Braunkohle im Tagebau, S. 142–145
Klett: Geographie für Hauptschulen 7–9, Rekultivierung: Kiesgrube S. 90/91

*2. Atlas*

Alexander Weltatlas, Klett, S. 102, 103, 108

*3. Diareihen*

Braunkohlentagebau in der Ville, 12 Dias (Best.-Nr. 997019), Klett

*4. Transparente*

Braunkohle: Tagebau und Rekultivierung, 4 Folien (Best.-Nr. 99723), Klett
Luftbild-Senkrechtaufnahme: Braunkohlentagebau Fortuna Garsdorf, 3 Folien (Best.-Nr. 99961), Klett

*5. FWU Medien*

360630 Braunkohlentagebau
322646 Im Rheinischen Braunkohlenrevier
321557 Riesenbagger im Braunkohlentagebau

**Literatur**

Bartel, J. / Zschocke, R.: Die Ville und das Kölner Braunkohlenrevier. In: Sammlung geographischer Führer, Nr. 6
Breuer, T.: Die Mittlere und Nördliche Braunkohlenville, Umgestaltung einer Landschaft durch die Menschen. In: Beiträgen zu den Exkursionen 15. Deutscher Schulgeographentag, Düsseldorf 1976.
Dilla, L.: Forstliche Rekultivierung und Landschaftsgestaltung unter Berücksichtigung landschaftsökologischer Gesichtspunkte. In Energie und Technik 26, Heft 10, 1974, S. 239 ff.
GEO Magazin: Die Erdfresser, Heft 12/76.
Knüberl, H.: Das Rheinische Braunkohlenrevier, Geographische Rundschau, 1958, S. 332 ff.
Koch, R.: Arbeitsmaterialien Geographie, Braunkohlenabbau und Rekultivierung – Der Mensch verwandelt eine Landschaft, Klett, 1978
Murr, K.: Braunkohlenbergbau und Rekultivierung im Rheinland, Geographische Rundschau 1958, S. 358 ff.

**Überblick über die Unterrichtseinheit**

Zeitrichtwert: 4 Stunden

MOTIVATION

1. Dia oder Bild eines ausgekohlten Braunkohlentagebaus
2. Sondierung des Vorwissens
3. Topographie des Rheinischen Braunkohlenreviers

KOGNITIONSPHASE A = LZ 1

1. Bedeutung und Gewinnung von Braunkohle
2. Umsiedlung
3. Rekultivierung

KOGNITIONSPHASE B = LZ 2

Tagebau Hambach – Rollenspiel/Planspiel

(Leitmedium: Klett, Arbeitsmaterialien Geographie. Braunkohlenabbau und Rekultivierung, S. 14ff.)

Petzold, E.: Landwirtschaftliche Rekultivierung und Landschaftsgestaltung und Wiederbesiedlung im rheinischen Braunkohlenbergbau. Energie und Technik 26, Heft 10, S. 237 ff. 1974
Rheinische Braunkohlenbergwerk AG Köln: Blick in das Rheinische Braunkohlenrevier. Blickpunkt Braunkohle. Wo neue Wälder wachsen u. a. Informationsschriften der Presse- und Informationsstelle der Rheinischen Braunkohlenwerke AG, Köln.

## 1.4 Raumordnung im Alpenraum

**Grobziel**

Erkennen, daß Ansprüche an Raum und Umwelt durch den Tourismus ständig steigen und ordnende, gestaltende, planerische Maßnahmen zur Sanierung (und Sicherung) von Erholungslandschaften erforderlich sind

**Didaktischer Abriß**

Erdkundeunterricht als Vertreter der Raumwissenschaften in der Schule intendiert als Hauptziel die Raumverhaltenskompetenz, das Erkennen räumlicher Strukturen und Prozesse, die Bereitschaft und Fähigkeit zur verantwortlichen Mitgestaltung des Raumes. Wie andere raumrelevante Funktionen besitzen freizeitorientierte Verhaltensweisen sozialer Gruppen ihre eigengesetzlichen räumlichen Ausprägungen und Verortungsproblematiken, die durch zunehmende Freizeit für alle sozialen Gruppen noch verstärkt werden.
Der Alpenraum eignet sich besonders dazu, die Schüler für Fragestellungen zu sensibilisieren, die sich aus den räumlichen Ausprägungen des Tourismus, insbesondere des Massentourismus, ergeben.

Der Schüler erfährt, wie Räume für den Fremdenverkehr inwertgesetzt werden, welche vernetzenden Wirkungen der Tourismus auf die physische und sozioökonomische Umwelt hat. Schwerpunkte sind konkurrierende Nutzungsansprüche: das Recht und der Anspruch der Touristen auf Erholung, auf der anderen Seite die Interessen der einheimischen Bevölkerung und die Gefahren für die ökologische Tragfähigkeit des Alpenraumes durch übersteigerte Erschließung für den Massentourismus und die Notwendigkeit von Raumordnung und Raumplanung.

**Sachinformation**

Früher galten die Alpen bei den Menschen als ein rauhes, unwirtliches und ödes Hochgebirge. Die Bewohner mußten mit schwierigsten natürlichen Bedingungen dieses Raumes (Klima und Bodenverhältnisse) fertig werden. Reisende gelangten fast nie in die abgeschiedenen Täler und Orte. Urlaubsreisen für die breiten Bevölkerungsschichten gab es damals nicht, auch waren Skilaufen und Bergsteigen noch unbekannt.
Skibretter wurden seit langem im schneereichen Nordeuropa von Jägern, Holzfällern und Bauern bei ihrer Arbeit benutzt. Als „norwegische Schneeschuhe" wurden sie um die Jahrhundertwende in Deutschland bekannt. Bei uns entwickelte sich dann das Skilaufen zu einer beliebten Sportart. Es entstanden in vielen Orten der Alpen immer mehr Einrichtungen für den Fremdenverkehr, wie z. B. Hotels, Eisenbahnen, Seilbahnen, Skilifte. Es kamen noch weitere Einrichtungen hinzu, die nicht in unmittelbarem Zusammenhang mit der Bergwelt stehen (z. B. Hallenbäder, Tennisplätze, Diskotheken), die aber die Touristen anlocken.
Schätzungsweise jährlich 25 Millionen Europäer verbringen ihren Urlaub in Gebirgsregionen und hier vor allem in den Alpen. Die Fremden kommen das ganze Jahr über, wo-

bei aber drei Viertel aller Übernachtungen im Sommerhalbjahr liegen.

Wenn die Städter in früheren Jahren in der Bergwelt Erholung suchten, planten sie fast immer einen längeren Urlaub. Der kurze Urlaub am Wochenende ist eine jüngere Erscheinung. Diese Entwicklung wurde erst durch die Motorisierung breiter Bevölkerungsschichten möglich. Dadurch sind die Alpen auch zum Naherholungsgebiet geworden. Allein 40% der Münchner Naherholer suchen den Alpenraum als Zielgebiet auf. Dies bedeutet, daß im Durchschnitt Woche für Woche 100 000 Menschen in die Berge fahren. Untersuchungen in den Jahren 1967–1969 ergaben, daß durchschnittlich 400 000 Münchner Bürger 30mal pro Jahr an diesem „Naherholungsverkehr" Richtung Alpen teilnahmen.

Die Alpen trennen Mitteleuropa von Südeuropa. Sie sind nicht nur ein bedeutendes Fremdenverkehrsgebiet, ihre Verkehrswege müssen auch die ganze Last des Durchgangsverkehrs zwischen Nord und Süd tragen. Zu der großen Zahl von Urlaubern, die in die Berge reisen, kommen die Touristen – die vor allem während der Ferienzeit nach Süden fahren – und der Schwerlastverkehr hinzu. Dies hat zur Folge, daß die Alpen unter den Hochgebirgen der Erde am besten für den Verkehr erschlossen sind. An vielen Stellen wird noch gebaut: Planierraupen ebnen das Gelände für neue Trassen, Felsen werden gesprengt und Tunnel gebohrt. Auch in den abgelegeneren Gebieten werden Straßen verbreitert oder neu angelegt, damit die Touristen noch bequemer als bisher zu ihrem Urlaubsort gelangen. Für den durchgehenden Reiseverkehr baut man neuerdings sogar Autobahnen über das Gebirge. Diese Maßnahmen kosten aber immer weitere wertvolle Landschaft und verstärken die Verkehrsbelastung.

Die starke Zunahme des Touristenstroms hat für einen Ort im Hochgebirge oft schwerwiegende Folgen:

Abnahme der landwirtschaftlichen Flächen durch Straßenbau, Skipisten, Liftanlagen, Hotels und andere Bauten.

Zersiedelung der Landschaft durch den vermehrten Bau von Hotels und Zweitwohnungen.

Gewässerverunreinigung und Luftverschmutzung.

Ruhe und Schönheit der Landschaft werden beeinträchtigt, wodurch ihr Erholungswert geringer wird.

Schäden an den Hangoberflächen durch planierte Pisten.

In den letzten Jahren kam es im Alpenraum wiederholt zu Hochwasser, Überschwemmungen, Bodenzerstörungen, Erdrutschen und gehäuft zu Lawinenabgängen. Wissenschaftler sehen die Ursachen dafür auch im Eingriff des Menschen in den Naturhaushalt unter anderem als Folge des gesteigerten Tourismus. Als auslösende Faktoren werden dabei herausgestellt:

Zunehmende Bebauung, Asphaltierung und Betonierung stören den Wasserhaushalt der Landschaft.

Neben Schneesicherheit und Hangneigung ist die ungestörte Möglichkeit der Abfahrt von der Gipfelregion zum Tal oftmals Voraussetzung für die Entwicklung eines Wintersportgebietes. Deshalb wurden vielfach Hänge der Bergwälder für die Anlage von Skipisten abgeholzt, was die Lawinengefahr beträchtlich erhöhen kann.

Durch den Kontakt der einheimischen Bevölkerung mit den Touristen kommt es zu sozialen Veränderungen, die sich auch im wirtschaftlichen Bereich niederschlagen. Almen werden verkauft und nicht mehr bewirtschaftet. Auf den nicht mehr beweideten Almen kommt es zur Versteppung und zur Verkarstung. Oft tritt nach einiger Zeit der nackte Fels zutage.

Wissenschaftler, Raumplaner, Umweltschützer, Alpenvereine und Politiker der Alpenstaaten haben inzwischen die Gefahren erkannt und sind entschlossen, Strategien (langfristige Maßnahmen) zur Umwelterhaltung zu entwickeln. Schließlich soll die Alpenregion auch noch zukünftigen Generationen als Lebens- und Erholungsraum zur Verfügung stehen.

Seit 1972 gibt es eine „Arbeitsgemeinschaft Alpenländer", ihr gehören der Freistaat Bayern, die österreichischen Bundesländer Tirol, Salzburg und Vorarlberg, die italienische Region Lombardei, die autonomen Provinzen Trient, Bozen (Südtirol) sowie der Schweizer Kanton Graubünden an. Diese Arbeitsgemeinschaft entwickelt Zielvorstellungen und Empfehlungen für die Landschaftspflege, die Wasserwirtschaft, den Hochwasserschutz, die Lawinen- und Wildbachverbauung sowie Grundsätze zum Ausbau eines überregionalen Straßennetzes in den Alpen.
(Quelle: Koch, R.: Klett Arbeitsheft Gefährdete Umwelt: Tourismus und Landschaft, Beispiel Hochgebirge)

Durch Verordnung vom 22.8.1972 hat die Bayerische Staatsregierung das Alpengebiet nach den naturräumlichen Gegebenheiten in drei Zonen eingeteilt. Nach diesem „Alpenplan" dürfen in der Zone C Bergbahnen, Ski- und Skibobabfahrten, Rodelbahnen, Straßen und Landeplätze nicht errichtet werden. In der Zone B sind diese Einrichtungen nur zugelassen, wenn sie den Erfordernissen der Raumordnung, des Naturschutzes und der Landschaftspflege entsprechen und unbedenklich sind. In der Zone A können diese Erschließungseinrichtungen errichtet werden, sofern sie nicht durch Eingriffe in den Wasserhaushalt zu Bodenerosion führen oder die weitere land- und forstwirtschaftliche Nutzung gefährden können.

**Differenzierung des Grobziels: Stundenziele/Feinziele und Zuordnung von Strukturbegriffen**

1 Einsicht in die Ursachen und vernetzenden Wirkungen des Tourismus auf die physische und soziale Umwelt des Alpenraums
1.1 Gründe für den zunehmenden Tourismus nennen
1.2 Den Alpenraum als bevorzugten Ferien- und Erholungsraum charakterisieren
1.3 Die Eignung des Alpenraumes für Sommer- und Winterurlaub sowie für Kurz- und Langzeiturlaub erläutern
1.4 Ansprüche der Touristen an Erholungsräume auflisten und begründen
1.5 Erschließungsmaßnahmen zur Inwertsetzung des Alpenraumes für Touristen beschreiben
1.6 Gewachsene und geplante Urlaubsorte unterscheiden und beschreiben
1.7 Folgen des Massentourismus für die einheimische Bevölkerung diskutieren
1.8 Veränderungen des Landschafts- und Siedlungsbildes als Folge des menschlichen Eingriffs interpretieren
1.9 Moderne Architektur und Bauformen mit dem Alpenraum in Beziehung setzen

*Strukturbegriffe:* Tourismus, Massentourismus, Individualtourismus, Erholungsraum, Kurzzeit-/Langzeiturlaub, Freizeiteinrichtungen, Infrastruktur, Inwertsetzung, Umwertung

2 Einsicht in die Notwendigkeit von Raumordnung und Raumplanung in einer Erholungslandschaft von europäischer Bedeutung
2.1 Gefahren für die Umwelt durch übersteigerte Erschließung für Tourismus aufzeigen
2.2 Notwendigkeit von Landschaftsschutz und Raumplanung begründen

2.3 Lösungsmöglichkeiten für die Problematik „Tourismus und Landschaft" aufzeigen und verschiedene Varianten diskutieren

*Strukturbegriffe:* Wirtschaftsgefüge, Siedlungsbild, Zersiedelung, Saison, Umweltprobleme, Landschaftsschutz, Alpenplan, Raumordnung, Arbeitsgemeinschaft Alpenländer, ökologisches Gleichgewicht

**Medien**

*1. Lehrbücher*

Klett, TERRA Geographie 7/8, Ausg. B (2842): Vom Bauerndorf zum Fremdenverkehrsort, S. 4–7. Zum Wintersport in die Alpen, S. 210–213.
Klett, TERRA Geographie 9/10, Ausg. B (2843): Die Umwelt erhalten, S. 162–181.
Klett, S II Arbeitsmaterialien Geographie: Umweltprobleme und Umweltschutz (40905)
Westermann, Welt und Umwelt 9/10: Wir planen den Schutz der Landschaft vor dem Menschen; Beispiel: Bayerische Alpen, S. 428–429
Bayerischer Schulbuchverlag, Neue Geographie 3 A, Der Staat schützt die „Erholungslandschaft Alpen", S. 66–67

*2. Diareihen*

Klett, TERRA Diareihen Geographie: Tourismus und Landschaft 1: Alpen (44501). Tourismus und Landschaft 2: Küste (44502). Sulden: Vom Bauerndorf zum Fremdenverkehrsort (99719). Lignano, Urlaubsort an der Adria (996979). Höhenstufen in den Alpen (Wallis) (996599). Müllbeseitigung (996869). Bodenerosion (996839). Verkehrswege über die Alpen (996619)

*3. Arbeitstransparente*

Klett Arbeitstransparente Geographie: Fernstraßen über die Alpen (99730). Urlaubsort an der Adria (996409)
Perthes: Themenkreis: Fremdenverkehr (9404)

*4. Filme / Super-8*

Klett Arbeitsstreifen Geographie: Urlaub an der See (991159). Alpenverkehr – Lawinengefahr für Gebirgsbahnen (991259)

*5. FWU-Medien*

(320937) Auf der Zugspitze 19 min f
(100570) Bodensee 18 f
(102104) Die deutschen Alpen 22 f
(100573) Dolomiten 12 f
(100572) Die Donau von Passau bis Wien 18 f
(102341) Erholungsraum jugoslawische Küste 24 f
(102295) Fremdenverkehr im Harz: Westharz 24 f
(102335) Fremdenverkehr im Ostharz 17 f
(100576) Sizilien 18 f. Stadtgeographie am Beispiel von München:
(102440) München, Naherholung 1: Phänomene des Naherholungsverhaltens 1 sw 14 f
(102441) München, Naherholung 2: Planung für die Freizeit der Stadtbewohner

**Literatur**

Bayerische Staatsregierung: 3. Raumordnungsbericht. München 1976
Council of Europe: The Function of Alpine Regions in European Planning, Study No. 20 Straßburg 1978
Danz, W.: Planung oder Verplanung der Alpenregion. In: DER ARCHITEKT 10/1975
Danz, W.: Zur sozioökonomischen Entwicklung in den Bayerischen Alpen. In: Die Zukunft der Alpen I. Schriftenreihe des Alpeninstituts, H. 4. München 1975

Danz, W.: Das Grundsatzprogramm des Deutschen Alpenvereins zum Schutze des Alpenraumes. Jahrbuch des Vereins zum Schutz der Bergwelt e.V., 42. Band. München 1977

Hagel, J.: Umweltprobleme. Der Erdkundeunterricht, H. 23. Stuttgart 1976

Kerstiens-Koeberle,: Raummuster und Reichweiten der freizeitorientierten Infrastruktur. In: GR 1/75

Koch, R.: Gefährdete Umwelt – Tourismus und Landschaft, Beispiel Hochgebirge, Stuttgart 1979

Koch, R. / Geibert, H.: Stundenblätter Geographie 5/6, 3. Auflage, Stuttgart 1980

Koch, R. / Geibert, H.: Stundenblätter Geographie 7/8, Stuttgart 1979

Koch, R.: Winterurlaub, Massentourismus, Konflikte bei der Nutzung von Erholungsräumen. In: Schulfernsehen Weltkunde II Lehrerhandbuch, Saarbrücken/Stuttgart 1979

Koch, R. (Hrsg.): Freizeit- und Erholungsräume. In: Themenheft Geographie im Unterricht. 3/80, Köln

Krippendorf, J.: Die Landschaftsfresser, Tourismus und Erholungslandschaft – Verderben oder Segen, Bern/Stuttgart

Maier, J.: Freizeit und geographisches Raumpotential. In: GR 6/1977

Moser, W.: Einige Erfahrungen mit dem Tourismus in den Alpen – das Ökosystem Obergurgl. In: Entwicklungsprobleme in Bergregionen. Schriftenreihe des Alpeninstituts, H. 3. München 1975

Reith, W. J.: Die Erholungsfunktion der Alpenregion – Tendenzen und Grenzen. In: DER ARCHITEKT 10/1975

Ski-Magazin: Streitgespräch: Ausverkauf der Alpen. München 10/1977

Der Spiegel: Die Alpen – Ein Alptraum. Eine Landschaft wird zerstört, Hamburg 9/1977

Uhlig, O.: Die Schwabenkinder aus Tirol und Vorarlberg, Stuttgart/Aalen 1978

Walz, T.: Was ist Freizeitarchitektur in den Alpen? In: DER ARCHITEKT 10/1975

Wichmann, H. (Hrsg.): Die Zukunft der Alpenregion? Fakten, Tendenzen, Notwendigkeiten, München 1972

**Überblick über die Unterrichtseinheit**

Zeitrichtwert: 4 Stunden

SENSIBILISIERUNGS-/MOTIVATIONSPHASE

Kontrastierende Dias: unerschlossene Alpenlandschaft – erschlossene Landschaft

oder

Zeitungsberichte über „Ausverkauf der Alpen"

PROBLEMFINDUNG/PROBLEMFORMULIERUNG

KOGNITIONSPHASE A = LZ 1

1. Gründe für Massentourismus
2. Gründe für die Bevorzugung des Alpenraums
3. Inwertsetzungs- und Erschließungsmaßnahmen für Tourismus
4. Auswirkungen des Tourismus auf Bevölkerung und Landschaft

KOGNITIONSPHASE B = LZ 2

1. Regelkreis: Tourismus und Landschaft
2. Notwendigkeit von Raumordnung und Raumplanung
3. Alpenplan/Arbeitsgemeinschaft Alpenländer
4. Maßnahmen zur Erhaltung der Alpenlandschaft

# 2 Umweltbelastung und Umweltschutz

## Didaktische Konzeption

Im Erdkundeunterricht soll der Schüler auf künftige Lebenssituationen vorbereitet und zu einem raumbezogenen Handeln befähigt werden. Die sich häufenden Störungen des ökologischen Gleichgewichts mit den damit verbundenen Veränderungen und zum Teil Zerstörungen des Ökotops erfordern auf individueller und gesellschaftlicher Basis gewandelte Haltungen und Zielvorstellungen, damit heute und in der Zukunft durch menschliches Handeln negative Folgen für den Menschen und seine Umwelt vermieden werden können. Im Rahmen einer Unterrichtsreihe zum Umweltschutz soll der Schüler seine individuelle Stellung und seinen Beitrag zur Umweltverschmutzung qualifizieren und quantifizieren und zu einer positiven Änderung seines Verhaltens geführt werden.

## 2.1 Müllbeseitigung – Probleme der geordneten Entsorgung

**Grobziel**

Einsicht in Ursachen und Wirkungen der steigenden Müllmenge sowie in Möglichkeiten und Schwierigkeiten von Gegenmaßnahmen

**Didaktischer Abriß**

vgl. Didaktische Konzeption

### Sachinformation

Pro Jahr verursacht jeder einzelne Mitbürger in der Bundesrepublik Deutschland Müll; eine Durchschnittsfamilie mit vier Personen bereits über eine Tonne. Mit zunehmendem Wohlstand steigt die Müllmenge sowohl auf der Seite der Produzenten wie auch der Konsumenten. Zur wachsenden Müllmenge tragen u. a. bei

- die kürzere Gebrauchsdauer für eine Vielzahl von Gütern;
- die Massenproduktion von Gütern zum einmaligen Gebrauch;
- die Zunahme von Verpackungen aller Art;
- der steigende Anteil von Stoffen, die nicht verrotten;
- die durch Umstellung auf moderne Heizformen verringerte Möglichkeit der Haushalte zum Vernichten von Abfällen;
- die steigende Menge von Schlamm aus Kläranlagen, Kanalreinigung und Industriegeländen.

Zur Beseitigung des Mülls sind zur Zeit verschiedene Methoden üblich:

*Deponierung*
Bei dieser traditionellen und auch wohl in der Zukunft wichtigen Art der Abfallbeseitigung wird der Müll in Gruben oder auf Halden gekippt. Strenge Anforderungen des Umweltschutzes müssen dafür sorgen, daß bei geordneten Deponien Gesundheit und Wohlbefinden der Bürger nicht beeinträchtigt, die Tierwelt nicht gefährdet, der Boden nicht schädlich beeinflußt und Luftverunreinigungen vermieden werden.
Geordnete Deponien weisen einen wasserundurchlässigen Untergrund aus Ton oder Mergel auf, manche sind mit Kunststoffbahnen ausgekleidet, damit Sickerwasser aus

dem Müll nicht zu einer Grundwasserverseuchung führen kann. Diese Sickerwässer werden gesammelt und in einer Kläranlage geklärt. Die Deponie setzt sich aus 2 m dicken Müllschichten und Abdeckschichten aus Erde und Bauschutt zusammen. Für jede Deponie wird schon frühzeitig vor der Schließung ein Plan zur Rekultivierung erstellt.

*Kompostierung*
Im Gegensatz zur Deponierung ist die Kompostierung mit einem weitaus höheren Kostenaufwand verbunden. Nur organische Stoffe, die etwa 80% des Mülls ausmachen, können zu Kompost verarbeitet werden. Deshalb muß der Müll erst vorsortiert und von anorganischen Stoffen, die nicht verrotten, befreit werden (z.B. Schrott, Glas, Kunststoffe etc.). Dem verbleibenden organischen Müll kann Klärschlamm aus Klärwerken zugesetzt werden. Dieses Gemisch verrottet dann unter dem Einfluß von Bakterien und Luft bei Temperaturen von 45–65°C. Kompostwerke finden sich meist in Regionen, wo größere Möglichkeiten zum Absatz des Kompostes bestehen. Dieser findet vor allem Verwendung in der Landwirtschaft, wo er zur Verbesserung des Bodens dient, ein Schutz vor der Erosion darstellt, die wasserhaltende Kraft der Böden erhöht und die Gefahr der Einschwemmung von Fremd- und Schadstoffen in das Grundwasser mindert.
Kompostierung ist damit eine Möglichkeit des Recyclings.

*Müllverbrennung*
Die Abfallverbrennung stellt heute die teuerste Art der Abfallbeseitigung dar. Aus Rentabilitätsgründen werden Verbrennungsanlagen erst in einem Ballungsraum ab etwa 200 000 Einwohner errichtet. Beim Betreiben von Verbrennungsanlagen sind alle technischen Maßnahmen zu treffen, damit die beim Verbrennen entstehenden giftigen Abgase nicht zu Luftverunreinigungen führen. Bei der Müllverbrennung bleiben als Restbestände Schlacke und Schrott zurück, die wiederum wirtschaftlich verwertet werden können. Die bei der Verbrennung anfallende Wärmeenergie kann zur Stromgewinnung und zu Heizzwecken in Industrie und Haushalten genutzt werden.

*Müll-Pyrolyse*
Hierbei wird der Müll in Müllkoks, Ruß, Öle und Gas zersetzt, die zum großen Teil weiterverarbeitet werden können.

*Recycling / Abfallvermeidung*
Beim Recycling, der Rückführung von Abfallstoffen in den Produktionsprozeß, geht es um die Schonung von abnehmenden Rohstoffreserven und um die Entlastung der Umwelt von lästigen Abfallstoffen. Im eigentlichen Recycling wird der Abfallstoff wieder in den Ausgangsrohstoff zurückgeführt.
Auch durch entsprechendes Verhalten des einzelnen kann die Abfallmenge verringert werden. Hier soll nur auf die Frage der Notwendigkeit von aufwendigen Verpackungen verwiesen werden. Abfallvermeidung ist auch eine Form der Abfallbeseitigung.
(Quelle: Koch, R.: Schulfernsehen Weltkunde, UE 25 [ergänzt])

**Differenzierung des Grobziels:**
**Stundenziele / Feinziele und Zuordnung**
**von Strukturbegriffen**

1  Einsicht in Ursachen und Folgen des Mülls sowie in Gegenmaßnahmen
1.1 Gründe für die steigende Müllmenge auflisten
1.2 Gefahren unkontrollierter Müllbeseitigung darlegen
1.3 Wichtigste Methoden zur Müllbeseitigung erläutern

1.4 Die zunehmende Bedeutung des Recyclings bei der Lösung des Müllproblems aufzeigen

*Strukturbegriffe:* Müll, Industrialisierung, Verstädterung, Hausmüll, Industriemüll, Sondermüll, Entsorgung, Deponierung, Kompostierung, Müllverbrennung, Recycling, Müll-Pyrolyse, Abfallvermeidung

2 Einsicht in Möglichkeiten und Schwierigkeiten der Müllbeseitigung durch geordnete Deponierung
2.1 Die Funktionsweise einer geordneten Mülldeponie beschreiben
2.2 Voraussetzungen bei der Einrichtung einer Deponie nennen
2.3 Erklären, daß eine geordnete Deponie den Erfordernissen des Umweltschutzes genügen muß
2.4 Den Standort einer Deponie unter Berücksichtigung aller umweltrelevanter Faktoren vorschlagen

*Strukturbegriffe:* Umweltgefährdung, Standort, Erholungswert, Wohnwert, geordnete Deponie, Grundwasser, Landschaft

**Medien**

*1. Filme (FWU)*

32 2339 Abfall – Schattenseite des Überflusses
36 0316 Müllbeseitigung

*2. Diareihen*

Klett, Müllbeseitigung (99 6869)
FWU, Abfallbeseitigung (10 2244)

*3. Schulfernsehen*

Weltkunde
UE 25: Müllbeseitigung

*4. Super 8-Arbeitsfilme*

Westermann: Müll (Nr. 35 5074)

*5. Lehrbücher*

Klett, Weltkunde 5, S. 74–79
Klett, Geographie 5/6, S. 138 ff., S. 160 ff.; 9/10, S. 162 ff.
Westermann, Welt und Umwelt 5/6, S. 14 ff.; 9/10, S. 350 ff.

**Überblick über die Unterrichtseinheit**
Zeitrichtwert: 4 Stunden

MOTIVATIONSPHASE

| Bild einer wilden Müllkippe/ Bericht über wilde Müllablagerung |
|---|

PROBLEMFINDUNG/PROBLEMFORMULIERUNG

| KOGNITIONSPHASE A = LZ 1 | KOGNITIONSPHASE B = LZ 2 |
|---|---|
| 1. Ursachen der steigenden Müllmenge<br>2. Folgen der Müllmenge für Mensch und Umwelt<br>3. Gegenmaßnahmen | 1. Vergleich von wilder Müllkippe und geordneter Deponie<br>2. Grundsätze für geordnete Deponierung<br>3. Planung einer Deponie |

**Literatur**

Eckart, K. / Habrich, W.: Umweltprobleme und Umweltschutz, Klett 1979

Habrich, W.: Umweltprobleme, Umweltplanung und Umweltschutz als curriculare Elemente des neuzeitlichen Erdkundeunterrichts, Ratingen 1975 (Beiträge zur Fachdidaktik)

Koch, R. / Geibert, H.: Stundenblätter Geographie 5/6, 3. Auflage, Stuttgart 1980

Koch, R. / Schäfer, R.: Raumordnungs- und Umweltschutzprobleme im Erdkundeunterricht der Sekundarstufe I. In: GU 4/1978

Krauter, K. G.: Gefährdete Umwelt. Arbeitsmaterialien Geographie. Müllbeseitigung, Stuttgart 1977

Luft, M.: Schule und Umweltschutz, München 1975 (Reihe: Schulpädagogische Aspekte)

Puls, W. W.: Umweltgefahren als Thema des Geographieunterrichts. BGR, 2/1975

Puls, W. W.: Umweltgefahren und Umweltschutz. In: Informationen zur Politischen Bildung, Bonn 7/1971

## 2.2 Rheinverschmutzung und Rheinsanierung

**Grobziel**

Einsicht in Ursachen, Folgen der Rheinverschmutzung sowie Möglichkeiten und Schwierigkeiten der Sanierung

**Didaktischer Abriß**

Der Rhein, die Lebensader Mitteleuropas, kann als typisches Beispiel für Umweltschutz und Entsorgungsprobleme gelten. An dieser Thematik werden sowohl regionale, überregionale deutsche und europäische Umweltdimensionen und Umweltprobleme erschlossen, können räumliche und ökologische Erkenntniszusammenhänge vernetzt werden. In den Abschlußklassen der Sekundarstufe I müssen auch die Möglichkeiten und Schwierigkeiten der Rheinsanierung diskutiert, die Gewichtung und Durchsetzungsmöglichkeiten der verschiedenen Umweltprinzipien sowie die Notwendigkeit der internationalen Zusammenarbeit erörtert werden.

**Sachinformation**

Der Rhein weist im Vergleich zu den anderen europäischen Strömen zumeist eine ganzjährige ausreichende und überwiegend ausgeglichene Wasserführung auf. Dazu tragen die Wasserzuführung aus den Mittelgebirgen und dem Alpenraum zu unterschiedlichen, sich aber ergänzenden Zeiträumen und die Retentionswirkungen zwischengeschalteter Seen (z.B. Bodensee) bei.

Der Rhein wird nicht nur als Wasserstraße in Anspruch genommen. Vielmehr sind hier eine Vielzahl konkurrierender Nutzungsansprüche zu verzeichnen: Trinkwasserlieferant, Brauchwasserlieferant, Kühlwasserlieferant für Kraftwerke, Energiegewinnung in Laufkraftwerken, Ziel für Touristen aus dem In- und Ausland, Bewässerung in der Oberrheinischen Tiefebene und vor allem in den niederländischen Gärtnereibetrieben, Wassersport, Sportfischerei u.v.a. Alle diese Nutzungsansprüche werden überlagert durch die Funktion als Abwasserträger für die privaten und öffentlichen Haushalte sowie der Industrie. So transportiert der Rhein stündlich 1250 t Salze (= 62 Güterwagen), jährlich 3150 t Chrom, 1250 t Kupfer, 12300 t Zink, 70 t Quecksilber und 350 t Arsen. Im Rheinwasser sind ca. 60000 verschiedene chemische Verbindungen nachgewiesen worden. Einen besonders hohen Beitrag zur Rheinverschmutzung leisten die elsässischen Kaligruben, die als Abfallprodukte ihrer Produktion dem Rhein starke Chlorid-Konzentrationen zuführen, die einer Tagesmenge von ca. 20 Mio. Kilogramm entsprechen. Dieses Salz beeinflußt die Qualität des gewonnenen Trinkwassers, korrodiert Wasserleitungen und mindert vor allem in den Niederlanden, wo man auf die Bewässerung angewiesen ist, die Ernteerträge. Verschiedene Gärtnereibetriebe an den Mündungsarmen des Rheins verklagten die Kalibergwerke von Mühlhausen wegen schuldhafter Rheinversalzung. Ein Urteilsspruch in dieser Angelegenheit ist bis heute nicht ergangen. 1976 wurde von den Rheinanliegerstaaten ein Entsalzungsabkommen geschlossen, nach dem die zugeführte Salzmenge drastisch reduziert werden soll, indem die französischen Betriebe nicht mehr in den Rhein einleiten, sondern entsprechend deutschen Gepflogenheiten in unterirdischen Kavernen lagern. Bis 1980 soll die zugeführte Salzmenge um je 60 Kilogramm/Sek. vermindert werden. Zu den Kosten von über 50 Mio. DM sollen der Verursacher Frankreich 30%, die Niederlande 34%, die Bundesrepublik 30% und die Schweiz 6% übernehmen. Frankreich hat bis heute als einziger Signatarstaat das Abkommen noch nicht in Kraft gesetzt. Widerstände kommen insbesondere aus dem Elsaß, wo man befürchtet, daß die Salzeinspritzungen eine erhebliche Gefährdung des Grundwassers nach sich ziehen und die Bodengüte der landwirtschaftlich genutzten Flächen erheblich leiden würde.

Eine weitere Gefahr für die Qualität des Rheinwassers stellt das Öl dar, das von Schiffen, Haushalten und Industrie in den Rhein gelangen kann. Bilgenentölungsboote der Bilgenentölungsgesellschaft sind eine der Möglichkeiten, um die Wasserverschmutzung durch Binnenschiffe zu vermeiden.

Der Selbstreinigungskraft des Rheins sind enge Grenzen gesetzt, was insbesondere bei Niedrigwasser zu beobachten ist, wo die Gefahr des „Umkippens" gegeben ist. Die Selbstreinigungskraft wirkt nur auf organische Stoffe und wird durch Erwärmung weiter geschwächt.

Die Rheinsanierung bedarf der Kooperation der betroffenen Bundesländer und der Rheinanliegerstaaten. Seit 1972 haben vier Ministerkonferenzen der Mitgliedstaaten der Internationalen Rheinschutzkommission stattgefunden, die Entwürfe zu Übereinkommen zum Schutz des Rheins gegen Salzverunreinigung, gegen chemische Verunreinigungen, thermische und radioaktive Belastungen verabschiedeten. In der Bundesrepublik Deutschland wurden 1963 nur 25% der Abwässer der öffentlichen Kanalisation mechanisch und biologisch gereinigt, so waren es 1978 etwa 65%, und man erwartet 1985 etwa 100%.

(Quelle: Koch, R.: Rheinverschmutzung. In: GU 8/1980, Köln)

**Differenzierung des Grobziels:
Stundenziele/Feinziele und Zuordnung
von Strukturbegriffen**

1 Einsicht in Ursachen und Folgen der Rheinverschmutzung
1.1 Unterschiedliche Nutzungsansprüche an den Rhein auflisten
1.2 Verschiedene Rheinabschnitte benennen
1.3 Zusammenhänge zwischen den unterschiedlichen Verschmutzungsgraden und dem Vorhandensein von Verdichtungsräumen und Industrien aufzeigen
1.4 Verursacher der Rheinverschmutzung benennen
1.5 Gründe für den steigenden Wasserverbrauch in Haushalt und Industrie darlegen
1.6 Stoffe, die den Rhein belasten, auflisten
1.7 Folgen und Auswirkungen auf Menschen, Pflanzen und Tierwelt beschreiben

2 Einsicht in Schwierigkeiten und Möglichkeiten der Rheinsanierung und der Reinhaltung des Rheins
2.1 Rheinanliegerstaaten lokalisieren und ihren Anteil am Rhein beschreiben
2.2 Aufzeigen, wie die einzelnen Rheinanliegerstaaten den Rhein nutzen und verschmutzen
2.3 Gegenmaßnahmen zur Wasserverschmutzung diskutieren
2.4 Aufzeigen, daß bei einem internationalen Strom außer dem Verursacherprinzip noch andere Momente berücksichtigt werden müssen
2.5 Das Verursacherprinzip am Beispiel der Entsorgungsprobleme des Rheins erläutern
2.6 Die Bedeutung der Zusammenarbeit der Rheinanliegerstaaten bei der Sanierung und Reinhaltung des Rheins erläutern

*Strukturbegriffe:* Abwasser, Brauchwasser, Ballungs-/Verdichtungsraum, Umkippen eines Flusses, Trinkwasser, Wärmebelastung, Verursacherprinzip, biologische Selbstreinigung

**Medien**

*1. Atlanten*

Klett: Alexander Weltatlas S. 107, I, II und III
List: Großer Weltatlas, S. 53, F
Westermann: Diercke Weltatlas, S. 22, IV

*2. Filme (FWU)*

360224 Der Weg des Abwassers
360225 Klärwerk: Mechanische Reinigung I
360226 Klärwerk: Mechanische Reinigung II
360227 Klärwerk: Biologische Reinigung

*3. Lehrbücher*

Klett, Weltkunde 5 für Baden-Württemberg, S. 74 ff.
Klett, TERRA Geographie für Hauptschulen 7. bis 9. Schuljahr, S. 242 ff.
Klett, TERRA Geographie 9. und 10. Schuljahr, S. 166 ff.
Hirschgraben, Der Mensch gestaltet die Erde 2, Kapitel 6.1 ff.
Schrödel, Dreimal um die Erde, Band 3, S. 82 ff.
Bagel, Neue Geographie 9/10, S. 24 ff.

*4. Schulfernsehen*

Schulfernsehen Weltkunde UE 24: Entsorgungsprobleme am Beispiel des Rheins

**Literatur**

Bundesministerium des Innern (Hrsg.): Bericht über die Wasserwirtschaft der Bundesrepublik Deutschland, Bonn 1977
Eckart, K. / Habrich, W.: Umweltprobleme und Umweltschutz, Stuttgart 1979
Hantge, E: Erfolge bei der Reinhaltung des Rheins in Rheinland-Pfalz. In: Wasserwirtschaft, Heft 11, 1977
Heyn, E.: Wasser, Themen zur Geographie und Gemeinschaftskunde. Frankfurt 1970
Heyn, E.: Wasserversorgung und Gewässerschutz als Gemeinschaftsaufgabe. Fragenkreise, Paderborn 1972
Keller, R.: Das Schema des Wasserkreislaufs, berechnet für das deutsche Bundesgebiet. Geograph. Taschenbuch 1951/52. Stuttgart 1951, S. 203–205
Keller, R.: Wasserbilanz der Bundesrepublik Deutschland, Umschau 1971, S. 73–78
Koch, R.: Entsorgungsprobleme am Beispiel des Rheins, Weltkundehandbuch II, Stuttgart 1979
Koch, R.: Rheinverschmutzung. In: GU, Köln 1980

## Überblick über die Unterrichtseinheit

Zeitrichtwert: 4 Stunden

---

**SENSIBILISIERUNGS-/MOTIVATIONSPHASE**

a) Tafelanschrift: RHEIN, Sondierung des Schülervorwissens
b) Umdruck / Textauszug über Rheinverschmutzung, Fischsterben
c) Kontrast zwischen einem euphorischen Rheinlied („Warum ist es am Rhein so schön…") und einem Dia/Epibild zur Gewässerverschmutzung
d) Witz: Ein Mann, der im Rhein schwimmt, wird unter großem Aufwand von Polizei und Feuerwehr aus dem Rhein gezogen. Der Mann kann dieses Vorgehen der Behörden nicht einsehen, da er ja nur baden wollte. Aber bei den Behörden gilt Baden im Rhein automatisch als Selbstmordversuch (nach **Spiegel** Nr. 7, 12/2/79).

---

**PROBLEMFINDUNG/PROBLEMFORMULIERUNG/ DISKUSSION VON LÖSUNGSTHEORIEN**

| KOGNITIONSPHASE A = LZ 1 | KOGNITIONSPHASE B = LZ 2 |
|---|---|
| 1. Nutzungsansprüche<br>2. Nutzungsmöglichkeiten<br>3. Gefährdungen | 1. Räumliche Schwerpunkte<br>2. Folgen der Verschmutzung<br>3. Probleme und Möglichkeiten der Sanierung |

---

Krauter, K. G.: Gefährdete Umwelt, Gewässerverschmutzung, Stuttgart 1978

Länderarbeitsgemeinschaft Wasser (LAWA): Die Gewässergütekarte der Bundesrepublik Deutschland, Mainz 1977

Noll, E., und Noll, M.: Wasser – ein Umweltfaktor, Dortmund: Institut für Wasserforschung, 1973

Rat von Sachverständigen für Umweltfragen (Hrsg.): Umweltprobleme des Rheins, 3. Sondergutachten, Stuttgart/Mainz 1976

Stiegele, P., und Klee, O.: Kein Trinkwasser für morgen. Stuttgart 1973

Westdeutsches Schulfernsehen: Lebenselement Wasser, Lehrerbegleitmaterial zur Sendung „Ein Fluß kippt um", Köln 1973

## 2.3 Luftverschmutzung

**Grobziel**

Einsicht in Ursachen und Folgen der Luftverschmutzung

**Didaktischer Abriß**

Bei dieser Thematik kann von Erfahrungen der Schüler entweder aus dem eigenen Erlebnis- oder Erfahrungsbereich, aus Berichten in Fernsehen und Zeitschriften ausgegangen werden. Zudem wurden auch im Unterricht bei der Behandlung von Verdichtungsräumen (vgl. 1.2) Aspekte der Luftverschmutzung angesprochen. Diese und das Vorwissen müssen aufgearbeitet und strukturiert werden. Dabei sollte neben dem Erwerb von Kenntnissen über Luftverschmutzung die Bereitschaft gefördert werden, sich umweltbewußt zu verhalten, Entscheidungen im Bereich des Umweltschutzes mitzutragen und mitzuverantworten.

**Sachinformation**

Durch fortschreitende Technisierung, Motorisierung, wachsenden Energieverbrauch und einen hohen Auslastungsgrad in der industriellen und gewerblichen Produktion kommt es zur Luftverunreinigung vor allem in Ballungsräumen. Als Emission bezeichnet man den Ausstoß von Schadstoffen wie Schwefeldioxid, Stickoxide, Kohlenmonoxid und gasförmige Kohlenwasserstoffe, Dämpfe und auch Staub. Immission ist die Einwirkung und die Gefährdung der Umwelt – Mensch, Tier, Vegetation, Raum – durch diese Schadstoffe. Besonders in den Ballungsgebieten mit ihrer hohen Konzentration von Produktionsstätten, Wohnbevölkerung und Verkehr ist der Schutz der Bevölkerung vor Luftverunreinigung eine vordringliche Aufgabe. Deshalb hat man in den letzten Jahren eine Reihe von Gesetzen und Vorschriften erlassen. Dazu gehören u. a. das „Gesetz zum Schutz vor schädlichen Umwelteinwirkungen durch Luftverunreinigungen, Geräusche, Erschütterungen und ähnliche Vorgänge" (Bundesimmissionsschutzgesetz 1974), die Technische Anleitung zur Reinhaltung der Luft (1974), das Benzinbleigesetz (1971), die Verordnungen über Feuerungsanlagen privater Haushalte (1975) und über den Schwefelgehalt von leichtem Heizöl und Dieselkraftstoff (1975).
Von amerikanischen und sowjetischen Metereologen wird die Frage diskutiert, ob sich die Luftverschmutzung sogar schon weltweit auf das Klima auswirkt. Es scheint, als ob sich in ungefähr 80 km Höhe ein immer dichter werdender Schleier aus Schmutzteilchen um die Erde legen und die Sonneneinstrahlung zum Teil verschlucken würde. Dadurch würde es allmählich auf der ganzen Erde etwas kühler werden. Andere Wissenschaftler sind der Auffassung, daß durch den Schmutzschleier die Wärmeabstrahlung verhindert und sich so ein „Treibhauseffekt" einstellen würde.
Besonders bei länger anhaltenden Inversionswetterlagen, wenn der Luftaustausch in der Vertikalen unterbunden ist, kann es in Ballungsgebieten zu hohen Immissionskonzentrationen, zu gefährlicher, gesundheitsschädigender Luftverschmutzung kommen. Während dieser Smog-Wetterlagen sind besonders Menschen mit Herz- und Kreislauferkrankungen, chronischen Atemwegserkrankungen gefährdet. In London starben während einer Smog-Wetterlage am 6.11.1952 900 Menschen mehr als gewöhnlich. Auch in der Bundesrepublik Deutschland mußte in den letzten Jahren z.B. im Ruhrgebiet und Berlin Smog-Alarm gegeben werden.

**Differenzierung des Grobziels:
Stundenziele / Feinziele und Zuordnung
von Strukturbegriffen**

1 Einsicht in Ursachen und Folgen der Luftverschmutzung
1.1 Wichtige Schadstoffe, Quellen und Gefahren der Luftverschmutzung auflisten
1.2 Emissionen und Immissionen unterscheiden
1.3 Aufzeigen, wie große Städte zur Luftverschmutzung beitragen
1.4 Maßnahmen zur Luftreinhaltung vorschlagen

*Strukturbegriffe:* Emissionen, Immissionen, Smog, Treibhauseffekt, Inversion

## Überblick über die Unterrichtseinheit

Zeitrichtwert: 2 Stunden

**MOTIVATIONSPHASE**

> Hallo Schwefeldioxyd, hallo Kohlenmonoxyd,
> Herein, herein, ich atme euch ein,
> Tagaus, tagein, ich atme euch ein.
> Hallo Teer und Ruß und Rauch,
> Alle Auspuffgase auch,
> O fein, o fein, wir atmen euch ein.
> Und wenn die viele Giftluft dann,
> Nicht mehr in meine Lunge kann,
> Frißt sie noch meinen Grabstein an.
> Hallo Schwefeldioxyd, hallo Kohlenmonoxyd,
> Herein, herein, ich atme euch ein.
> Holt Luft, einmal noch ganz tief, tief, tief,
> ganz tief…"
> (Lied aus dem Musical „Hair")
>
> oder
>
> kontrastierende Bilder:
> Steindenkmal früher – heute
>
> oder
>
> Bericht über den Zustand der Akropolis/Baudenkmäler in Rom

**PROBLEMFINDUNG/PROBLEMFORMULIERUNG
HYPOTHESENBILDUNG**

**KOGNITIONSPHASE**

1. Verursacher der Luftverschmutzung
2. Emissionen und Immissionen
3. Folgen der Luftverschmutzung
4. Smog
5. Gegenmaßnahmen

**Medien**

*1. Transparente*

Westermann: Smogbildung – Ursachen und Ausbreitung (Nr. 357820)

*2. Super 8-Film*

Westermann: Luft (Nr. 355072)

*3. FWU*

Das große Gleichgewicht II. Kein Leben ohne Luft (Nr. 322266)

*4. Schulfernsehen*

Weltkunde UE 22: Luftverschmutzung

*5. Lehrbücher*

Bagel, Neue Geographie 9/10, S. 32 ff.
Klett, TERRA GEOGRAPHIE 9/10, S. 162 ff.
Schroedel, Dreimal um die Erde, Band 3, S. 121 ff.
Westermann, Welt und Umwelt 9/10, S. 382 ff.

**Literatur**

Breuer, G.: Geht uns die Luft aus? Ökologische Perspektiven der Atmosphäre, Stuttgart 1978

Engelhardt, W.: Umweltschutz, München 1973

Hagel, J.: Umweltprobleme. In: Der Erdkundeunterricht, Heft 23, Stuttgart 1976

Jäger, H.: Luftverschmutzung, ein Problem unserer Städte. In: GR 6/78

Widener, D.: Kein Platz für Menschen. Der programmierte Selbstmord. Frankfurt 1972

# 3 Wirtschaftsordnungen in ihrer Raumwirksamkeit: Landwirtschaft in der BR Deutschland/Landwirtschaft in der DDR

**Grobziel**

Einsicht in die räumlichen Ausprägungsformen unterschiedlicher Wirtschaftsordnungen

**Didaktischer Abriß**

Seit Ende des 2. Weltkrieges und mit der Teilung Deutschlands unterliegt die Landwirtschaft in beiden deutschen Staaten einer vollkommen Neustrukturierung. Tradierte Produktionsformen und -methoden wurden schrittweise aufgegeben und neue agrarpolitische Konzeptionen entwickelt, welche weitgehend von den unterschiedlichen Gesellschaftssystemen und Wirtschaftsordnungen geprägt wurden: So lösten die sozialistische Revolution in der DDR und in deren Folge die Kollektivierung dort eine fast industriell betriebene, in feste Pläne eingeschnürte Großproduktion im Agrarsektor aus, während in der Bundesrepublik einschneidende Rationalisierungsmaßnahmen zum Zwecke einer Arbeitsproduktivitätssteigerung das zwischen Härte und Beschaulichkeit pendelnde bäuerliche Leben radikal veränderten.

In Anlehnung an das übergeordnete Lernziel ist es didaktische Intention der anstehenden Unterrichtseinheit „Wirtschaftsordnungen in ihrer Raumwirksamkeit", die raumprägenden Wirkungen der freien (sozialen) Marktwirtschaft westlichen Zuschnitts und der Zentralverwaltungswirtschaft (Planwirtschaft) der DDR darzulegen. Der Schüler soll befähigt werden, sich anhand genetisch-funktional gearteter Denk- und Arbeitsformen mit *raumrelevanten* politischen und wirtschaftlichen Fragestellungen auseinanderzusetzen. Dabei werden in verstärktem Maße fachfremde Inhalte in den Unterricht einfließen, die aus den Fachbereichen Wirtschaftslehre, Sozialkunde/Politik und Geschichte kommen. Sie sind zum Verstehen geographischer Sachzusammenhänge erforderlich. Dennoch muß im Mittelpunkt der Betrachtung der *Raum* stehen, d. h. konkret, die landwirtschaftlich genutzten Flächen in der DDR und der BR Deutschland sowie die darauf agierenden Gruppen in Form der LPG-Bauern bzw. des freien Bauerntums.

In der Auseinandersetzung mit dem Bildungsgut erhält der Schüler eine „vertiefte Einsicht in den Raum als Prozeßfeld der Aktivitäten von Gruppen und Individuen... Dem Nahraum kommt dabei besondere Bedeutung zu, weil er der Anschauungs-, Erfahrungs- und Lebensraum des Schülers ist. Räumliche Strukturen, Prozesse und Planungsprobleme lassen sich hier besonders anschaulich erarbeiten. Nach der orientierenden Betrachtung unter thematischem Akzent in den vorausgegangenen Klassenstufen treten nun Staatsräume stärker in den Mittelpunkt; unterschiedliche Wirtschafts- und Gesellschaftssysteme und verschiedene Entwicklungsstufen sollen an Länderbeispielen verdeutlicht werden. Besonderes Gewicht muß dabei den beiden Staaten in Deutschland zukommen." (Basislehrplan Geographie für die Sekundarstufe I. In: Geographische Rundschau 12/1980. Braunschweig, vgl. auch Kap. I, 3)

Mit dem Erreichen dieser Ziele soll ein Teil der fachspezifischen Lernvoraussetzungen für die Sekundarstufe II zugrunde gelegt werden.

Ein wesentliches Merkmal des Erdkundeunterrichts in den Abschlußklassen der Sekundarstufe I ist die Handlungsorientiertheit, d. h. es werden hier in verstärktem Maße Unterrichtsverfahren gefordert, die eine Geographie „vor Ort" ermöglichen, wie z. B. Erkundungen und Exkursionen im Nahraum sowie Planspiele und Projekte. Dieser Forderung wird in der methodischen Aufbereitung der anstehenden Unterrichtseinheit entsprochen, indem die aktuellen Agrarstrukturen in der BR Deutschland über eine Nahraum-Felduntersuchung direkt von den Betroffenen erfragt und in der Realität eingesehen werden können.

Nicht zuletzt bietet auch die Thematik „Landwirtschaft in beiden deutschen Staaten" – gemäß der o. g. Prämisse des Basislehrplans – die Möglichkeit einer intensiven, jedoch lernzielbezogenen Betrachtung der DDR und der BR Deutschland, u. a. im topographischen Bereich, jedoch nicht im Sinne der überkommenen Länderkunde. Damit eröffnet sich die Chance, unsere Schüler in den Alltag der Menschen im anderen, weitgehend unbekannten Teil Deutschlands Einblick nehmen zu lassen und sie über einen Vergleich mit heimischen Verhältnissen zu befähigen, das Spannungsfeld zwischen beiden deutschen Staaten besser verstehen und durchschauen zu können. In diesem Zusammenhang wird auch auf die Beschlüsse der Kultusministerkonferenz über „Die Deutsche Frage im Unterricht" vom 23. November 1978 verwiesen.

Zur Behandlung von Deutschland im Erdkundeunterricht abschließend zwei Literaturhinweise:

Börsch / Köck / Schmidt (Hrsg.): Geographie und Schule. Heft 1: Deutschland. Köln 1979

Brucker / Richter / Stein u. a.: Praxis Geographie. Heft 9: DDR. Braunschweig 1980

**Sachinformation**

## 1 Die Landwirtschaft in der BR Deutschland

*1.1 Wesen und Prinzipien der freien (sozialen) Marktwirtschaft*

Die beiden entscheidenden Kriterien der Marktwirtschaft sind die Dezentralisierung bzw. uneingeschränkte Eigenverantwortlichkeit der drei Wirtschaftseinheiten Haushalt, Betrieb und Staat sowie die ausschließliche Orientierung des Marktes an Angebot und Nachfrage, d. h. auch an der Konkurrenz. Sehr wohl hat der Verbraucher innerhalb der drei Wirtschaftseinheiten über seine Wünsche und Vorstellungen Lenkungsfunktion. Die Flexibilität der Preise innerhalb der Marktwirtschaft sorgt dafür, daß Angebot und Nachfrage ständig in gegenseitigem Einklang sind (s. Abb. 1, S. 52).

Die freie Marktwirtschaft birgt die Gefahr der Monopolisierung. Dieser negativen Entwicklung sucht in der BR Deutschland das Kartellamt durch entsprechende Richtlinien zu begegnen. Der Staat greift also nur bei Wettbewerbsbeschränkungen, -verzerrungen oder unlauterem Marktverhalten ein.

*1.2 Agrarstrukturen in der BR Deutschland*

Von der Gesamtfläche der BR Deutschland in der Größenordnung von 248 648 qkm (= 24,9 Mio. ha) wurden im Jahre 1978 insgesamt 53,2 % landwirtschaftlich genutzt; das entspricht einer landwirtschaftlichen Nutzfläche von 13,2 Mio. ha (s. Abb. 2, S. 52). Die wichtigsten agrarpolitischen und -wirtschaftlichen Ziele der BR Deutschland nennen das Landwirtschaftsgesetz aus dem Jahre 1955 und in dessen Folge die jährlichen Agrarberichte (früher „Grüne Pläne") der Bundesregierung. Einschlägige Aktivitäten des Staates zielen in ihrer Gesamtheit auf eine Verbesserung der Produktionsbedingungen und damit auf eine Produktionssteigerung. An Rationalisierungsmaßnahmen in der deutschen Landwirtschaft sind zu nennen: Flurbereinigung, Dorferneuerung, Betriebsvergrößerungen und -modernisierungen, günstige Kredite u.a.m.

Ein zentrales Anliegen der Agrarpolitik ist die Erweiterung der Betriebsgrößen über Flurbereinigungsprojekte (s. Abb.3, S.53).

Ein weiterer Schwerpunkt deutscher Agrarpolitik liegt in dem Bemühen um fortschreitende Technisierung der landwirtschaftlichen Betriebe (s. Abb.4, S.53).

Die heutige agrarische Produktion ist kaum noch auf Selbstversorgung hin konzipiert, sondern eindeutig marktorientiert angelegt: „Der Landwirt ist endgültig zum Unternehmer geworden! Wirtschaftliches Denken, kaufmännisches Verhalten, betriebswirtschaftliches Kalkül gehören ebenso zum Handwerkszeug wie früher die reine Bewirtschaftung von Grund und Boden und die Aufzucht und Pflege des Viehes. Heute erfordert spezielles Wissen eine Fachausbildung. Nur das befähigt ihn, Überdurchschnittliches zu leisten." (H. Barall, Spezialisierte Landwirtschaft. München 1967, S.29)

In Folge der o.g. Rationalisierungsmaßnahmen und des Strukturwandels stieg die Arbeitsproduktivität in der westdeutschen Landwirtschaft in den letzten Jahren erheblich an, während die Zahl der landwirtschaftlich tätigen Arbeitskräfte kontinuierlich sank (s. Abb.5, S.53).

Ein Vergleich zwischen den Produktionsleistungen der bäuerlichen Familienbetriebe in der BR Deutschland und den staatlich gelenkten LPGs zeigt folgende Ergebnisse (s. Abb.6, S.54):

## 2 Die Landwirtschaft in der DDR

*2.1 Die speziellen Agrarstrukturen der DDR* sind nur auf dem Hintergrund des politischen Systems und der sich daraus bedingenden Wirtschaftsordnung der Zentralverwaltungswirtschaft (Planwirtschaft) zu verstehen. Von daher erscheint ein Blick in die Verfassung der DDR notwendig:

Art.9.1: Die Volkswirtschaft der Deutschen Demokratischen Republik beruht auf dem sozialistischen Eigentum an Produktionsmitteln.

Art.9.3: In der Deutschen Demokratischen Republik gilt der Grundsatz der Leitung und Planung der Volkswirtschaft sowie aller anderen gesellschaftlichen Bereiche. Die Volkswirtschaft der Deutschen Demokratischen Republik ist sozialistische Planwirtschaft. Die zentrale staatliche Leitung und Planung der gesellschaftlichen Entwicklung ist mit der Eigenverantwortung der örtlichen Staatsorgane und Betriebe sowie der Initiative der Werktätigen verbunden.

Art.11.1: Das persönliche Eigentum der Bürger und das Erbrecht sind gewährleistet. Das persönliche Eigentum dient der Befriedigung der materiellen und kulturellen Bedürfnisse.

Art.12.1: Die Bodenschätze, die Bergwerke, Kraftwerke, Talsperren und großen Gewässer, die Naturreichtümer des Festlandssokkels, Industriebetriebe, Banken und Versicherungseinrichtungen, die volkseigenen Güter, die Verkehrswege, die Transportmittel der Eisenbahn, der Seeschiffahrt sowie der Luftfahrt, die Post- und Fernmeldeanlagen sind Volkseigentum. Privateigentum daran ist unzulässig.

Art.13: Die Geräte, Maschinen, Anlagen, Bauten der landwirtschaftlichen und sonstigen sozialistischen Genossenschaften sowie die Tierbestände der landwirtschaftlichen Produktionsgenossenschaften und das aus genossenschaftlicher Nutzung des Bodens sowie genossenschaftlicher Produktionsmittel erzielte Ergebnis sind genossenschaftliches Eigentum.

Art.14.1: Privatwirtschaftliche Vereinigungen zur Begründung wirtschaftlicher Macht sind nicht gestattet.

(Quelle: Hirschgraben, Der Mensch gestaltet die Erde 3 – 1977, S.2/8)

## 2.2 Wesen und Prinzipien der Zentralverwaltungswirtschaft (ZVW)

Das wirtschaftspolitische Grundprinzip der ZVW ist charakterisiert durch eine staatlich-zentrale Planung der Produktion, der Investitionen dazu und des Konsums bei zentral festgesetzten Preisen und Löhnen über administrativ fixierte, quantitativ orientierte Produktionspläne.

Man unterscheidet zwischen lang- und mittelfristigen Perspektivplänen (15–20 Jahre bzw. 5–7 Jahre) und kurzfristigen Operativplänen (= Jahrespläne) (s. Abb. 7, S. 54).

In Staaten mit ZVW sind Produktionsmittel und Konsumgüter weitgehend gesellschaftlicher Besitz (Kollektiveigentum). Oberstes Ziel allen wirtschaftlichen Handelns ist die Erfüllung des Plansolls.

## 2.3 Probleme der ZVW

- Bedingt durch die ungeheure Vielfalt der Güterarten, die in einer Volkswirtschaft produziert werden, fordert die ZVW einen sehr aufwendigen und damit langsam arbeitenden bürokratischen Apparat, der auf Marktveränderungen nur schwerlich reagieren kann. Fehlplanungen sind somit nicht selten.
- Es ist zu bedenken, daß bereits die Nichteinhaltung des Teiles eines Plans mehr oder minder gravierende Auswirkungen auf andere Teilpläne und sogar Zentralpläne hat. Damit kann die gesamte Wirtschaft negativ beeinflußt werden. Die Folgen zeigen sich nicht selten in Form von mengenmäßig unzureichenden Angeboten an Lebensmitteln und anderen Gütern des täglichen Lebens. Das Schlange-Stehen der Menschen vor den Geschäften ist in Staaten mit ZVW ein fast alltägliches Bild.
- Das Individuum in einer zentral gelenkten Volkswirtschaft zeichnet sich durch eine altruistische Einstellung zu seiner Arbeit und zu seinen Mitarbeitern aus: Da die Arbeitnehmer ihr festgelegtes Einkommen und damit ihren persönlichen Lebensstandard nur durch Planübererfüllung in bescheidenem Maße steigern können, fehlt nicht selten der Anreiz zum persönlichen Engagement. In Folge ergibt sich eine niedrigere Arbeitsproduktivität im Vergleich zur BR Deutschland, wobei der Produktivitätsrückstand der DDR gegenüber dem Westen auf durchschnittlich 25 % geschätzt wird (vgl. dazu auch Punkt 1.2 der Sachinformation).
- Ein weiteres Problem der ZVW beinhaltet die staatliche Preisfixierung, die i. d. R. ohne Rücksicht auf Angebot und Nachfrage erfolgt: Wenn beispielsweise Produkte auf dem Binnenmarkt nicht abgesetzt werden können, werden sie zu Verlustpreisen ins Ausland verkauft oder sogar vernichtet. Andererseits verschwinden gefragte Erzeugnisse sehr rasch vom Markt.

## 2.4 Die Landwirtschaft in der DDR

Seit etwa 1960 gibt es in der DDR keine privaten landwirtschaftlichen Betriebe mehr. Im Rahmen der Zwangskollektivierung, die im Jahre 1952 begann, waren die Bauern gehalten, landwirtschaftlichen Produktionsgenossenschaften (LPG) beizutreten. Daneben wurden noch sog. „Volkseigene Güter" (VEG) gegründet.

Anfangs gab es drei Typen von LPGs (s. Abb. 8, S. 55).

Der LPG-Typ 3 ist heute der Regeltyp der landwirtschaftlichen Betriebsform in der DDR.

Die Mitglieder einer LPG werden in spezialisierte Arbeitsgruppen (Brigaden) eingeteilt. Die Entlohnung richtet sich nach den geleisteten Arbeitseinheiten (AE). Sie errechnen sich nach der Arbeitszeit und nach dem Wert der Arbeit, welche wiederum nach Bewertungsgruppen gestuft ist. So zählt z. B. das Hofkehren zur Bewertungsgruppe I. Für diese Arbeit werden 0,8 AE/Tag berechnet. Schwerere Arbeiten, wie z. B. Pflügen und

Düngen, zählen zur Bewertungsgruppe V und werden mit 1,4 AE/Tag bewertet. Ferner ist jedes LPG-Mitglied am gemeinsam erwirtschafteten Gewinn beteiligt (vgl. Hirschgraben, Der Mensch gestaltet die Erde 3 – 1977, S. 7/31).

Seit den 60er Jahren schließen sich verstärkt einzelne LPGs zu überbetrieblichen Kooperationsgemeinschaften (KOG) oder Kooperativen Einrichtungen (KOE) mit teilweiser Spezialisierung zusammen (Mischfutterproduktion, Maschinenwartung, Schädlingsbekämpfung, Tierproduktion u. a.), die von sog. „Zwischenbetrieblichen Einrichtungen" (ZBE) wahrgenommen wird.

Hartmut Hirt (vgl. Westermann, Praxis Geographie 9/1980, S. 377 f.) weist darauf hin, daß neuerdings in jedem Bezirk der DDR versuchsweise eine „Agrar-Industrie-Vereinigung" (AIV) gegründet wurde, in welcher Betriebe der Pflanzenproduktion, Agrochemische Betriebe und Verarbeitungsbetriebe samt Vermarktungseinrichtungen integriert wurden. Die bewirtschafteten Flächen solcher AIVs überschreiten bereits 30 000 ha und sollen der weiteren Vergrößerung der Produktionseinheiten in der Landwirtschaft der DDR dienen.

Abschließend noch einige Strukturdaten der DDR-Landwirtschaft: Von der gesamten Staatsfläche der DDR mit 108 177 qkm = 10,8 Mio. ha wurden im Jahre 1978 insgesamt 58 % landwirtschaftlich genutzt, d. h. die DDR verfügte damals über eine landwirtschaftliche Nutzfläche von 6,3 Mio. ha. (Quelle: Westermann, Diercke Weltstatistik 80/81) (s. Abb. 9, S. 55).

**Differenzierung des Grobziels:
Stundenziele / Feinziele und Zuordnung
von Strukturbegriffen**

1 Einsicht in Agrarstrukturen eines Staates mit freier Marktwirtschaft
1.1 Wichtige Agrarstrukturen der BR Deutschland aufzeigen
1.2 Rationalisierungsmaßnahmen in der westdeutschen Landwirtschaft nennen und hinsichtlich ihrer Ziele beurteilen
1.3 Gründe für den Strukturwandel in der westdeutschen Landwirtschaft nennen
1.4 Wesensmerkmale der freien (sozialen) Marktwirtschaft nennen
1.5 Die Rolle des Staates innerhalb der freien Marktwirtschaft beschreiben
1.6 Die Preisbildung in der freien Marktwirtschaft erklären
1.7 Die Funktionen von Angebot und Nachfrage in der freien Marktwirtschaft beschreiben
1.8 Eine Felduntersuchung planen, durchführen und auswerten

*Strukturbegriffe:* Agrarstrukturen, Agrarwirtschaft, Rationalisierung, Produktionssteigerung, Spezialisierung, Sonderkulturen, Betriebsgröße, Familienbetrieb, Infrastruktur, Flurbereinigung, Einkaufs-/Absatzgenossenschaften, Maschinenring, Voll-/Zu-/Nebenerwerbsbetrieb, Marktorientierung, Angebot/Nachfrage, freie (soziale) Marktwirtschaft, Wirtschaftsordnung, Güternachfrage, Güterangebot, Nachfrage-/Angebotsmengenüberschuß, Preisverfall, Kartellamt

2 Einsicht in Agrarstrukturen eines Staates mit Zentralverwaltungswirtschaft (ZVW)
2.1 Wesensmerkmale der ZVW nennen
2.2 Die Funktion von Produktionsplänen in der ZVW aufzeigen
2.3 Den Stellenwert des Privateigentums in der ZVW erörtern
2.4 Die ZVW aus dem politischen System der DDR erklären
2.5 Die Rolle des Staates innerhalb der ZVW beschreiben
2.6 Wichtige Agrarstrukturen der DDR aufzeigen
2.7 Durchschnittliche Betriebsgröße und Zahl der Beschäftigten einer LPG nennen.

2.8 Über die Arbeitsbedingungen auf einer LPG berichten

2.9 Flurbilder der DDR auswerten und sie mit Flurbildern aus der BR Deutschland vergleichen

*Strukturbegriffe:* Wirtschaftsordnung, Zentralverwaltungswirtschaft (Planwirtschaft), Produktionspläne, Kollektiveigentum, Kollektivierung, Landwirtschaftliche Produktionsgenossenschaft (LPG), Brigade, Marxismus, Kommunismus, Arbeitsproduktivität

3 Verständnis für wesentliche Unterschiede in den Agrarstrukturen beider deutschen Staaten

3.1 Vor- und Nachteile der Agrarwirtschaft in den unterschiedlichen Wirtschaftsordnungen der DDR und der BR Deutschland nennen

3.2 Die unterschiedlichen Reaktionsmöglichkeiten der Wirtschaft auf Marktveränderungen in beiden deutschen Staaten erklären

3.3 Zusammenhänge zwischen dem Grad des Besitzstandes und der Arbeitsproduktivität aufzeigen

3.4 Die Lohn- und Arbeitsplatzsituation in beiden deutschen Staaten miteinander vergleichen und Unterschiede begründen

3.5 Die Preisbildung in den Wirtschaftsordnungen der DDR und der BR Deutschland erläutern

3.6 Folgen von Fehlplanungen und Nichterfüllung von Produktionsplänen für die Landwirtschaft der DDR aufzeigen

*Strukturbegriffe:* Marktveränderungen, Versorgungsgarantie, Unter-/Überversorgung, Landschaftsschäden, Erosion, Deflation, Güterverknappung, Kollektivvermögen, zwei deutsche Staaten

**Transfer**

Auf einer Farm im mittleren Westen der USA
Kolchosen- und Sowchosenwirtschaft in der UdSSR
Auf einer Volkskommune in der VR China
Ein Kibbuz in Israel

**Medien**

*1. Wandkarten*

Physische Karte Deutschland (DDR und BR Deutschland)

*2. Atlanten*

Alexander Weltatlas-Gesamtausgabe, Klett 1976, S. 2, S. 14, S. 97/99, S. 140
Diercke Weltatlas, Westermann 1974, S. 30/31, S. 32/35
Unsere Welt, Velhagen & Klasing / Schroedel 1978, S. 32, S. 46

*3. Lehrbücher*

Bagel, Neue Geographie 5/6 (1976), S. 20f.
Bagel, Neue Geographie 9/10 (1975), S. 154f.
Bayerischer Schulbuchverlag, Neue Geographie 2 (1979), S. 4f.
Hirschgraben, Der Mensch gestaltet die Erde 3 (1977), Kap. 2, Kap. 4, Kap. 7.4/7.5
Hirt-Schroedel, Geographie thematisch 10 (1980), S. 106 f., S. 120 f., S. 132 f., S. 154/155
Klett, Geographie 9/10 (1974), S. 48f.
Klett, Terra 9/10 – Regionalausgabe RPL (1979), S. 56f., S. 70f.
List, Geographie 5/6 (1976), S. 74f.
Oldenbourg / Prögel / Westermann, Erdkunde 6 (1973), S. 24f., S. 91
Velhagen & Klasing / Schroedel, Dreimal um die Erde 2 (1975), S. 116f., S. 136f.

**Überblick über die Unterrichtseinheit**

Zeitrichtwert: 5 Stunden

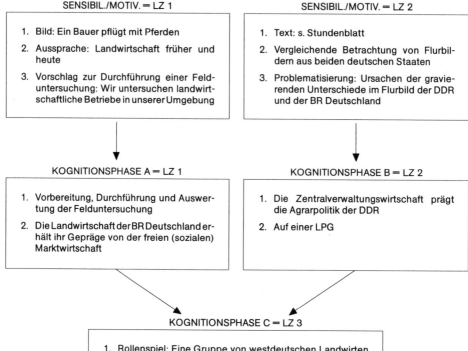

Westermann, Welt und Umwelt 7/8 (1974), S. 228 f., S. 230 f.
Westermann, Welt und Umwelt 9/10 (1976), S. 326 f., S. 416 f., S. 420 f.
Westermann, Welt und Umwelt 7/8 – Regionalausgabe RPL (1979), S. 96, S. 110 f.
Westermann, Welt und Umwelt 9/10 – Regionalausgabe RPL (1980), S. 44 f., S. 46 f.

4. *Filme*

FWU 320881 Auf einer LPG in Mecklenburg
FWU 322190 Kooperation in der Landwirtschaft
FWU 322016 Dorf im Wandel
FWU 323062 Landwirtschaft in Ost und West

FWU 32 0745 Der Bauer zwischen Gestern und Morgen
FWU 32 0814 Bauer und Müller zu Großvaters Zeit

*5. Dias*

FWU 10 2078 Agrarlandschaften der BR Deutschland in Luft- und Kartenbild
FWU 10 2079 Agrarlandschaften der BR Deutschland in Luft- und Kartenbild

*6. Schulfunk*

SDR / SR / SWF: Die DDR auf „Kurs 30" – Wirtschaftsgeographische Reportagen: Landwirtschaft als Großbetrieb – Portrait einer LPG

*7. Unterrichtsmaterialien*

Sanders, J. / Sanders, H.: Räume – Menschen – Probleme. BR Deutschland – Deutsche Demokratische Republik. Harms Arbeitsmappe Geographie 1. München 1978

**Literatur**

Bartels, D.: Die heutigen Probleme der Land- und Forstwirtschaft in der Bundesrepublik Deutschland. In: Fragenkreise. Paderborn/München 1963
Börsch, D.: Zur Behandlung der DDR im Erdkundeunterricht der Sekundarstufe II. In: Geographie und Schule. Köln 1979
Bundeszentrale für politische Bildung (Hrsg.): Informationen zur politischen Bildung – Die Ordnung in der Wirtschaft. Bonn 1965
Bundeszentrale für politische Bildung (Hrsg.): Informationen zur politischen Bildung – Wirtschaft: Verbraucher und Markt. Bonn 1977
Bundeszentrale für politische Bildung (Hrsg.): Informationen zur politischen Bildung – Wirtschaft: Wirtschaftsordnungen im Vergleich. Bonn 1979
Eckart, K.: Die Kooperationsgemeinschaft Berlstedt. Ein Beitrag zur Entwicklung der DDR-Landwirtschaft. In: Geographische Rundschau 8/1977. Braunschweig
Fahn, H. J.: Strukturprobleme der Deutschen Landwirtschaft. In: Geographie im Unterricht 8/1980. Köln
Henkel, G.: Der Strukturwandel ländlicher Siedlungen in der Bundesrepublik Deutschland. In: Fragenkreise. Paderborn/München 1976
Hirt, H.: Die Landwirtschaft in der DDR. In: Praxis Geographie 9/1980. Braunschweig
Hüngsberg-Senz, U.: Die Struktur der Landwirtschaft in der Deutschen Demokratischen Republik. In: Geographie im Unterricht 10/1978. Köln
IMA (Hrsg.): Agrilexikon. Hannover 1978
IMA (Hrsg.): Agrimente. Hannover 1978
IMA (Hrsg.): Landwirtschaft im Unterricht. Hannover 1978
Kästner, W.: Grundinformationen „Landwirtschaft". In: Geographie im Unterricht 1/1981. Köln
Kitsche, A.: Marktwirtschaft und Zentralverwaltungswirtschaft als konkurrierende Wirtschaftsordnungen. In: Fragenkreise. Paderborn/München 1975
Lanzl, A.: Raumgestaltung durch staatliche Planung in der Bundesrepublik Deutschland. In: Fragenkreise. Paderborn/München 1971
Lützkendorf, H. / Reinholz, Fr.: Die DDR. In: Reihe „Schulfunk". Lübeck 1980
Niggemann, J.: Die Agrarstruktur- und Kulturlandschaftsentwicklung. In: Geographische Rundschau 4/1980. Braunschweig
Windhorst, H. W.: Spezialisierung und Strukturwandel der Landwirtschaft. In: Fragenkreise. Paderborn/München 1974

# Anlagen

## 1. Freie (soziale) Marktwirtschaft

(Quelle: Hirt-Schroedel, Geographie thematisch 10 - 1980)

## 2. Landwirtschaftlich genutzte Flächen (LF) in der BR Deutschland (in 1000 ha)

| LF | 1960 | 1970 | 1978 |
|---|---|---|---|
| Ackerland | 7 979 | 7 539 | 7 506 |
| Dauergrünland | 5 705 | 5 500 | 5 155 |
| Gartenland | 395 | 341 | 317 |
| Sonderkulturen | 165 | 198 | 198 |
| Brachflächen | – | – | 313 |
| LF insgesamt | 14 254 | 13 578 | 13 176 |

(Quelle: Westermann, Diercke Weltstatistik 80/81, S. 13)

### 3. Zahl der landwirtschaftlichen Betriebe in 1000 in der BR Deutschland

| Betriebsgröße | 1949 | 1960 | 1977 |
|---|---|---|---|
| 1 – 2 ha | 306 | 230 | 115 |
| 2 – 5 ha | 555 | 387 | 175 |
| 5 – 10 ha | 404 | 343 | 166 |
| 10 – 20 ha | 256 | 287 | 200 |
| 20 – 50 ha | 113 | 122 | 178 |
| 50 – 100 ha | 13 | 14 | 24 |
| über 100 ha | 3 | 3 | 4 |
| Zusammen | 1648 | 1386 | 862 |
| Durchschnittliche Betriebsgröße | 8,06 | 9,34 | 14,32 |

(Quelle: Westermann, Geographische Rundschau 4/1980, S. 173)


### 4. Bestand an Schleppern, Mähdreschern und Melkmaschinen in der BR Deutschland

| | 1949 | 1960 | 1970 | 1975 |
|---|---|---|---|---|
| Schlepper | 74 586 | 797 423 | 1 356 000 | 1 401 040 |
| Mähdrescher | 100 | 32 551 | 167 500 | 177 900 |
| Melkmaschinen | 5 596 | 291 339 | – | 458 800 |

(Quelle: Westermann, Geographische Rundschau 4/1980, S. 174)


### 5. Arbeitsproduktivität in der Landwirtschaft der BR Deutschland

| Jahr | 1950 | 1954 | 1958 | 1962 | 1966 | 1970 | 1974 | 1978 |
|---|---|---|---|---|---|---|---|---|
| Arbeitskräfte in Mio. | 4 | 3,5 | 3 | 2,3 | 2 | 1,5 | 1 | 0,8 |
| Nahrungsmittelproduktion in 1000 t Getreideeinheit/Arbeitskraft | 9 | 12 | 16 | 20 | 25 | 38 | 48 | 55 |

(Quelle: Westermann, Diercke Weltstatistik 80/81, S. 14)

## 6. Durchschnittliche Produktionsleistungen (1971 – 1975)

| Produkte | Bundesrepublik absolut | DDR absolut | in % |
|---|---|---|---|
| Getreide dt/ha | 40,2 | 36,2 | 90,0 |
| Kartoffeln dt/ha | 286,0 | 170,1 | 59,5 |
| Zuckerrüben dt/ha | 445,0 | 279,9 | 62,9 |
| Milch kg/Kuh (3,5% Fett) | 3925 | 3607 | 91,9 |
| Eier Stück/Henne | 233 | 184 | 79,0 |

(Quelle: IMA, Landwirtschaft im Unterricht, Hannover 1978, S. 62)

## 7. Der Planungsprozeß in der DDR

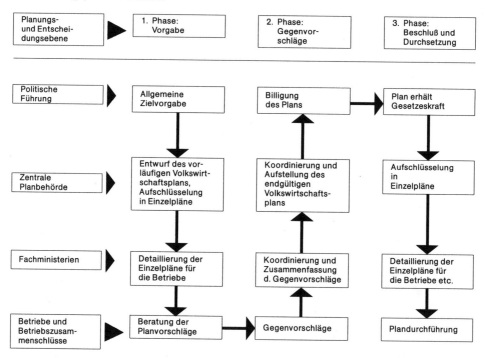

(Quelle: Bundeszentrale für politische Bildung, Informationen zur politischen Bildung, Heft 180, S. 5)

## 8. Unterscheidungsmerkmale der LPG-Typen nach Musterstatut vom 9. 4. 1959

|  | LPG-TYP | | |
|---|---|---|---|
|  | I | II | III |
| Einbringung von: | | | |
| Acker | + | + | + |
| Grünland | O | O | + |
| Wald | O | O | + |
| Gebäude | O | O | + |
| Maschinen | – | O | + |
| Vieh | – | – | + |
| Umfang der persönlichen Hauswirtschaft: | | | |
| Ackerland in ha | 0,5 | 0,5 | 0,5 |
| Viehbestand | – | – | x |
| Verteilung der Vergütungssumme | | | |
| nach Bodenanteilen | 40 | 30 | 20 |
| nach Arbeitsleistung | 60 | 70 | 80 |

+ Einbringung ist Pflicht
O Einbringung ist erwünscht oder nur teilweise Pflicht
– Einbringung ist nicht erforderlich
x 2 Kühe, 2 Sauen, 5 Schafe mit Nachzucht; Geflügel frei

(Quelle: IMA, Landwirtschaft im Unterricht, Hannover 1978, S. 59)

## 9. Die Entwicklung der LPGs in der DDR

| Jahr | Zahl der Betriebe | durchschnittliche Betriebsgröße | Anteil an der landwirtschaftlichen Nutzfläche |
|---|---|---|---|
| 1952 | 1 906 | 113 ha | 3,4% |
| 1955 | 6 047 | 212 ha | 19,7% |
| 1960 | 19 261 | 280 ha | 85,0% |
| 1964 | 15 861 | 341 ha | 85,6% |
| 1967 | 14 216 | 417 ha | 85,8% |
| 1971 | 8 327 | 650 ha | 85,8% |
| 1975 | 4 621 | 1 170 ha | 85,8% |

(Quelle: Klett, Terra 9/10, Regionalausgabe RPL – 1979, S. 82)

# 4 Das Leben in der Einen Welt

## Didaktische Konzeption

Während der Erdkundeunterricht am Beginn der Sekundarstufe I, d. h. in den Klassen 5 und 6, vom räumlich eng begrenzten thematischen Einzelbild / Raumbeispiel geprägt wird (vgl. dazu Koch/Schäfer 1978), dominieren in den Abschlußklassen 9 und 10 großräumige didaktische Einheiten, die den Schüler bis zu Globalbetrachtungen und -analysen hinführen. Eine zentrale Thematik dieser Stufe ist „Das Leben in der Einen Welt".
Die modernen, weltumspannenden Medien und nicht zuletzt auch die technische Entwicklung in den Verkehrsträgern haben die Welt „kleiner" gemacht und den Gedanken der weltweiten Verflechtungen und gegenseitigen Abhängigkeiten geschärft. A. Schmidt (1976, S. 137 f.) spricht in diesem Zusammenhang von der „horizontalen Abhängigkeit" bzw. von der „Horizontalstruktur" und intendiert damit eine Einsichtnahme des Schülers „in das gegenseitige Verflochtensein der Länder und Völker der Erde miteinander". A. Schmidt stellt abschließend fest: „Es zeigt sich, die Gegenwart ist eine Zeit großer Horizontalstrukturen auf der Erde, wirtschaftlich, politisch, sozial, kulturell. Aus ihnen entwickeln sich oft Konfliktstrukturen im Sinne einer progressiv orientierten Erdkunde. Und in Zukunft dürften sie eher noch größer werden. In einer futuristisch orientierten Didaktik gewinnt daher die Aufgabe der Weltfriedenssicherung eine zentrale Stelle."
Es ist didaktische Intention des Themenblocks „Das Leben in der Einen Welt", den Schüler Einsicht nehmen zu lassen in die Notwendigkeiten, Formen, Möglichkeiten und Grenzen eines weltumspannenden Beziehungs- und Kooperationsgefüges zwischen Bevölkerungsgruppen, Kulturen, Staaten und Wirtschaftsblöcken. Die Komplexität des Problemfeldes macht punktuell und/oder phasenweise ein fächerübergreifendes Arbeiten notwendig, wobei besonders die sozialwissenschaftlichen Fachbereiche tangiert werden.
Der Themenblock „Das Leben in der Einen Welt" ist in folgende Unterrichtseinheiten strukturiert:
– Hat die Erde Raum für alle?
– Entwicklungsländer / Entwicklungshilfe
– Welthandel und Weltverkehr
– Staaten schließen sich zu Wirtschaftsgemeinschaften zusammen

**Literatur**

Koch, R. / Schäfer, R.: Das Einzelbild im lernzielorientierten, thematischen Erdkundeunterricht der Sekundarstufe. In: Geographie im Unterricht 2/1978. Köln

Schmidt, A.: Der Erdkundeunterricht. Bad Heilbrunn 1976

## 4.1 Hat die Erde Raum für alle?

**Grobziel**

Einsicht in Ursachen und Folgen der Bevölkerungsentwicklung auf der Erde

**Didaktischer Abriß**

Auf die Ausführungen zu Beginn des Themenkreises wird einleitend hingewiesen. Ebenso wird auf die Unterrichtseinheit „Ge-

fährdung des Ackerlandes" in den „Stundenblättern Geographie 7/8" verwiesen.
G. Fochler-Hauke (1968): „Bei der sprunghaften Zunahme der Weltbevölkerung, wie sie in den letzten Jahrzehnten aufgetreten ist, erhebt sich die Frage nach der Tragfähigkeit der Erde, ein Problem, das seinerzeit von A. Penck als das Hauptproblem der physischen Anthropogeographie bezeichnet wurde."
Die rasante Zunahme der Weltbevölkerung wird in den öffentlichen Medien nicht selten als der nahende Beginn vom Ende des Menschengeschlechtes dargestellt, wobei mit Schreckensszenen und teilweise auch bewußten Falschinformationen nicht gegeizt wird. Der Erdkundeunterricht, welcher die anstehende Thematik zum Inhalt hat und als oberste Zielsetzung die Weltfriedenssicherung im Sinne von A. Schmidt anstrebt (s. die einleitenden Ausführungen zur „Didaktischen Konzeption"), sollte den Schüler befähigen, sich anhand eines umfassenden und aktuellen Informationsmaterials ein möglichst realistisches Bild von der Sachlage zu entwickeln, um einschlägige „Sensationsmeldungen" sachgerecht und objektiv interpretieren zu können.

**Sachinformation**

Die Schätzungen zur Weltbevölkerung beliefen sich im Jahre 1976 auf vier Milliarden, wobei die Zuwachsraten regional differieren: Das geringste Wachstum verzeichnen Europa, Sowjetasien und Nordamerika, der stärkste Anstieg ist in Südasien und Zentralamerika zu registrieren. Für das Jahr 2050 erwartet man eine Weltbevölkerung von rund 10 Milliarden Menschen.
Die Ursachen für die Bevölkerungsexplosion in weiten Teilen der Erde sind mannigfaltig und teilweise sehr komplex. Vereinfacht kann dazu gesagt werden:
– Die Sterbeziffern sinken, vor allem bedingt durch die Verminderung der Kindersterblichkeit in den Ländern der Dritten Welt.
– Die Lebenserwartung steigt aufgrund der Fortschritte in der Medizin auch in den Entwicklungsländern langsam an und geht in den Ländern der westlichen Welt noch immer nach oben.
– Soziale und religiöse Gründe machen in vielen Entwicklungsländern eine wirkungsvolle Geburtenregelung undurchführbar.

Die „Food and Agriculture Organization of the United Nations" (FAO) legte im Jahre 1970 eine Statistik zur Landnutzung der Erde vor (vgl. dazu H. Boesch 1977).
Im gleichen Zusammenhang schätzt die FAO, daß lediglich 3–10% der verfügbaren Landfläche der Erde als tatsächliche Nutzungsreserven angesehen werden können, sofern man die derzeit bekannten Landnutzungsmöglichkeiten in Rechnung stellt. So

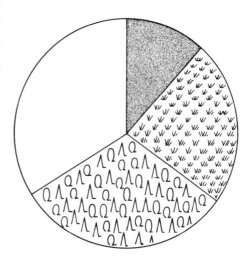

 Feldbauareal und Baumkulturen 11%

 Dauerwiesen und Weiden 22%

 Bewaldete Fläche 30%  Rest

liegt das Hauptaugenmerk der Forschung z. Z. verstärkt auf dem Bemühen, die Erträge je Flächeneinheit zu steigern. Daneben ist man auch bestrebt, das Meer in mannigfacher Form immer intensiver zu nutzen (vgl. dazu die „Stundenblätter Geographie 5/6": Versorgung aus dem Meer).

Die erste bekannte Schätzung über die Zahl der Menschen, welche die Erde ernähren kann, stammt aus dem Jahre 1754: Der Geograph Büsching geht dabei von drei Milliarden aus.

Heute weiß man, daß die agrarische Tragfähigkeit eines Raumes von vielen endogenen und exogenen Faktoren abhängt (Boden, Klima, Art der Bebauung, Besitzverteilung, agrartechnische Möglichkeiten, Bedarf an Proteinen, Lebensstandard, Entwicklungsstand u. a. m.) und somit keine feste Größe darstellt.

Diese Überlegungen machen deutlich, daß der Begriff „Überbevölkerung" relativ zu sehen ist: So kann ein derzeit überbevölkerter Raum nach einer durchgreifenden Wirtschaftsreform unterbevölkert sein, was sich am Beispiel der Gastarbeiter in der BR Deutschland nach dem 2. Weltkrieg belegen läßt.

So diskutiert man heute die Ansicht, wonach bei entsprechend intensiver Nutzung des vorhandenen Raumpotentials die Erde 20–40 Milliarden Menschen tragen könne, wobei man nicht nur das Ernährungsproblem mit einbezieht, sondern auch die Energie-/Rohstoffversorgung und ökologische Probleme integriert.

Abschließend sei auf zwei Veröffentlichungen hingewiesen, gerichtet an den bekannten „Club of Rome" und von der Weltöffentlichkeit mit großer Aufmerksamkeit registriert:
- D. H. Meadows: Die Grenzen des Wachstums. Stuttgart 1972
- M. Mesarovic und E. Pestel: Menschheit am Wendepunkt. Zweiter Bericht an den Club of Rome zur Weltlage. Stuttgart 1974

**Differenzierung des Grobziels: Stundenziele/Feinziele und Zuordnung von Strukturbegriffen**

1 Einsicht in Verlauf und Ursachen der Bevölkerungsexplosion
1.1 Die Zuwachsrate (Sterberate) der Menschheit pro Sekunde nennen
1.2 Den Zeitraum für die Verdoppelung der Erdbevölkerung errechnen
1.3 Die Dritte Welt als die Region mit der höchsten Zuwachsrate der Erdbevölkerung lokalisieren
1.4 Die Industrieländer der westlichen Welt als Region mit der geringsten Zuwachsrate der Erdbevölkerung lokalisieren
1.5 Gründe für die Bevölkerungsexplosion in den Entwicklungsländern nennen und beurteilen

*Strukturbegriffe:* Bevölkerungsexplosion, Weltbevölkerung, Entwicklungs-/Industrieländer, Dritte Welt

2 Vertrautheit mit den Siedlungsräumen der Erde
2.1 Gründe für die unterschiedliche Bevölkerungsdichte auf der Erde diskutieren
2.2 Ballungsräume und dünnbesiedelte Regionen der Erde nennen und lokalisieren
2.3 Die Größe der Ballungsgebiete der Erde mit der gesamten Festlandfläche vergleichen und das Ergebnis in einem Kreisdiagramm darstellen

*Strukturbegriffe:* Siedlungsraum, Bevölkerungsdichte, Ballungsraum, Gunst-/Ungunstraum, Kältewüste, Trockenwüste

3 Einsicht in die Probleme der Nahrungs- und Rohstoffbeschaffung bei einer wachsenden Erdbevölkerung
3.1 Die unterschiedliche Nutzung der Landfläche der Erde beschreiben
3.2 Die Weltrohstoffvorräte hinsichtlich ihrer zeitlichen Verfügbarkeit beurteilen

3.3 Den Ausspruch diskutieren: „Unsere Erde ist ein Raumschiff"
3.4 Die Tragfähigkeit der Erde beurteilen
3.5 Die Zukunftsaussichten der Menschheit diskutieren

*Strukturbegriffe:* Tragfähigkeit der Erde, Rohstoffe, Weltrohstoffreserven, Produktionskraft der Erde

**Medien**

*1. Wandkarten*

Physische Weltkarte
Welt-Bevölkerungskarte
Vegetationszonen der Erde

*2. Atlanten*

Alexander Weltatlas-Gesamtausgabe, Klett 1976, S. 72/73, S. 74/75, S. 84/85, S. 88 I, S. 89, S. 101, S. 116, S. 122 I und II
Diercke Weltatlas, Westermann 1974, S. 174/175 I, S. 176/177 III, S. 178/179 I, S. 182/183 I, S. 184/185, S. 188 I und II
List Großer Weltatlas, List 1976, S. 1, S. 2/3, S. 7, S. 8/9, S. 18/19, S. 26 B
Unsere Welt, Velhagen & Klasing / Schroedel 1978, S. 92/93 1, S. 96/97 1, S. 100 1 und 3, S. 102 1, S. 106 1, S. 107 6 und 7

*3. Lehrbücher*

Bagel, Neue Geographie 9/10 (1978), S. 52 f.
Blutenburg / Schöningh, Erdkunde 8 (1979), S. 86 f.
Hirschgraben, Der Mensch gestaltet die Erde, Band 3 (o. J.), Kap. 7
List, Geographie 9/10 (1979), S. 32 f.
Mundus, Die Erde unser Lebensraum, Band 3 (o. J.), S. 22 f.
Oldenbourg / Prögel / Westermann, Erdkunde 8 (1978), S. 4 f.

Velhagen & Klasing / Schroedel, Dreimal um die Erde, Band 3 (1977), S. 5 f.
Westermann, Welt und Umwelt 5/6, Reg.-Ausg. RPL (1979), S. 12 f.
Westermann, Welt und Umwelt 9/10, Reg.-Ausg. RPL (1980), S. 76 f., S. 92 f.
Westermann, Welt und Umwelt 9/10 (1975), S. 292 f., S. 294 f., S. 354 f.

*4. Schulfernsehen*

Weltkunde UE 1: Natur- und Lebensräume der Erde

*5. Transparente*

Westermann: Verteilung der Erdbevölkerung
Westermann: Entwicklung der Erdbevölkerung
Westermann: Ernährung der Menschheit
Westermann: Tragfähigkeit der Erde
Westermann: Bevölkerungsexplosion

*6. Programm*

Klett: Hunger – ein Weltproblem

*7. Unterrichtsmaterialien*

Klett: Ernährung einer wachsenden Weltbevölkerung (Arbeitsheft für die Sekundarstufe II)
Diesterweg: Die Welt hat Raum für alle. Sachkundliche Arbeitshefte 12

**Literatur**

Boesch, H.: Weltwirtschaftsgeographie. Braunschweig 1977
Busch, P.: Bevölkerungswachstum und Nahrungsspielraum auf der Erde. In: Fragenkreise. Paderborn 1971
Fochler-Hauke, G.: Geographie. Frankfurt/M. 1968

## Überblick über die Unterrichtseinheit

Zeitrichtwert: 4–5 Stunden

---

**PHASE DER SENSIBILISIERUNG/MOTIVIERUNG**

1. Die weltweite Zuwachs- und Sterberate der Bevölkerung pro Sekunde: Vier Menschen werden geboren und zwei Menschen sterben
2. Umrechnung der Zuwachsrate (real) auf folgende Zeiträume: 1 Stunde / 24 Stunden / 1 Monat / 1 Jahr
3. Diskussion hinsichtlich Ursachen und Folgen der Bevölkerungsexplosion mit Herausarbeitung des zentralen Problemgrundes: Hat die Erde Raum für alle?

---

**KOGNITIONSPHASE A = LZ 1**

1. Auswertung einer Tabelle: Bevölkerungswachstum in den verschiedenen Kontinenten
2. Auswertung eines Textes: Ursachen der Bevölkerungsexplosion in den Entwicklungsländern

**KOGNITIONSPHASE B = LZ 2**

1. Diskussion über mögliche Siedlungsräume der Erde hinsichtlich ihrer natürlichen Raumausstattung
2. Auswertung der Bevölkerungskarte der Erde: Lokalisation von dicht- und dünnbesiedelten Gebieten der Erde

---

**KOGNITIONSPHASE C = LZ 3**

1. Hinweis auf die Weltbevölkerungskonferenz in Bukarest (1974)
2. Diskussion möglicher Inhalte/Fragestellungen der Konferenz
3. Auswertung einer Tabelle: Nutzung der Landfläche der Erde
4. Auswertung eines Diagramms: Erschöpfung der Weltrohstoffreserven
5. Diskussion: Wir leben auf einem Raumschiff

---

Manshard, W.: Bevölkerungswachstum und Ernährungsspielraum. In: Geographische Rundschau 2/1978. Braunschweig

Ruppert, H.: Bevölkerungsentwicklung und Mobilität. Braunschweig

## 4.2 Entwicklungsländer / Entwicklungshilfe

**Grobziele**

Einsicht in Strukturmerkmale der Entwicklungsländer hinsichtlich Ursachen und Folgen

Einsicht in Maßnahmen der Entwicklungshilfe in ihrer Wirksamkeit

**Didaktischer Abriß**

Auf die einleitenden Ausführungen zur Rahmenthematik „Das Leben in der Einen

Welt" wird hingewiesen. Ergänzend dazu ist zum anstehenden Themenkreis „Entwicklungsländer/-hilfe" anzumerken:
Es ist einerseits ungerecht, andererseits eine echte Gefahr für den Weltfrieden, daß ein kleiner Teil der Menschheit im Überfluß lebt, während zur gleichen Zeit rund die Hälfte der Erdbevölkerung ständig Hunger leidet. Der Soziologe René König deutet die derzeitige Situation in den Hungergebieten der Erde als eine globale Ausweitung der sozialen Frage in Europa im 18. und 19. Jahrhundert.
Joachim Engel (in: Ernst/Hoffmann 1978, S. 195) führt ergänzend dazu aus:
„Die Dritte Welt stellt für uns eine Herausforderung dar, auf die nicht mehr nur mit ‚Entwicklungshilfe' von Engagierten, einem Entwicklungsminister, einer Kirchenorganisation zu antworten ist, sondern die alle Verantwortlichen, Politiker, Wissenschaftler und die breite Öffentlichkeit, hier und bei den Betroffenen, ‚Entwicklungspolitik' im Sinne eines globalen Interessenausgleichs betreiben lassen."
Sicherlich ist die Geschichte der aufstrebenden und am politischen Weltgeschehen immer stärker partizipierenden Völker und Länder der Dritten Welt eines der erregendsten Kapitel der Zeitgeschichte. Noch nie zuvor war die Welt innerhalb eines relativ kurzen Zeitraumes mit einem derart folgenschweren politischen und sozialen Wandel konfrontiert.
Will die Schule den Lernenden – gemäß ihres Leitzieles – für seine jetzige und zukünftige Lebensbewältigung qualifizieren, dann wird sie an der Thematik „Entwicklungsländer/-hilfe" nicht achtlos vorbeikommen. Ganz im Gegenteil, denn aus dem oben Gesagten wird die didaktische Legitimation dieses Bildungsgutes deutlich, und von hier aus lassen sich auch die didaktischen Intentionen ableiten:
– Nach einer Umfrage der Zeitschrift „Stern" vom Dezember 1974 sprachen sich 68% der Befragten für eine Kürzung der Entwicklungshilfe aus. Bekannt sind auch die teilweise stereotypen und undifferenzierten Vorurteile vieler Bundesbürger gegenüber Menschen und Problemen der Dritten Welt, die vorwiegend aus egoistischen Einstellungen und aus Unwissenheit resultieren.
Dieser Tatbestand macht es notwendig, im Rahmen der anstehenden Thematik ganz entscheidend auf den Abbau von Vorurteilen und den Aufbau von Interesse an der Sache hinzuarbeiten. Damit ist der unterrichtspraktisch schwer realisierbare affektive Lernzielbereich angesprochen.
– Der Schüler soll sich ein fundiertes Wissen über Ausmaß, Ursachen und Folgen der Unterentwicklung aneignen können, um zu einem sachkompetenten Urteil fähig zu sein, d.h. er muß wesentliche Strukturmerkmale der Entwicklungsländer verstehend reflektieren. Dabei darf der Unterricht allerdings nicht ausschließlich in der Phase der Information/Belehrung steckenbleiben, worauf J. Engel (a.a.O., S. 199) hinweist: „Die weltweiten Disparitäten sind nicht durch Analphabetenquoten und Bruttosozialproduktzahlen, nicht durch die Dichte der Krankenhäuser und sicher auch nicht durch dependenztheoretisch aufgeladene Handelsströme und Handelsabhängigkeiten zu erschließen." Es geht ganz entscheidend um ein Betroffen-Machen unserer Schüler am Ende der Sekundarstufe I. Besonderer Wert muß auf die Verhaltensweisen „diskutieren", „beurteilen", „vergleichen" und „entscheiden" gelegt werden.
– Endziel unseres Bemühens dürften taxonomisch sehr hoch anzusetzende und von der Unterrichtspraxis zugegebenerweise recht schwer zu erreichende Ziele sein: Betroffenheit des Schülers und Bereitschaft zur Mithilfe bei der Lösung anstehender Probleme und Disparitäten in der „Einen Welt".

Qualifizierte Aussagen zur didaktisch-methodischen Bewältigung der anstehenden Thematik macht W. Storkebaum (1977, S. 5): „Der Themenbereich Entwicklungsländer und Entwicklungspolitik umfaßt eine derartige Fülle von Aspekten und Problemzusammenhängen, daß er sich einer didaktischen Analyse weitgehend zu entziehen scheint... Die Reduzierung auf ein Grundmodell z. B., an dem die gesamte Problematik wie in einem Kaleidoskop sichtbar werden könnte, erscheint zwar verlockend, wäre aber wohl nur zu erkaufen durch Verzicht auf Realität und durch unzulässige Vereinfachung und Verallgemeinerung... Auch die zweite Möglichkeit, das Thema didaktisch in den Griff zu bekommen, nämlich ein einzelnes, vielleicht für Entwicklung besonders charakteristisches Land in den Mittelpunkt der Betrachtung zu stellen, erscheint nur bedingt sinnvoll, könnte die Singularität des Einzelfalls doch die allgemeine Einsicht in die Gesamtproblematik geradezu überwuchern, könnte manches verdecken, statt zu erhellen. Die Beschäftigung mit dem Thema verlangt neben der Einsicht in globale Strukturzusammenhänge gleichzeitig eine stark differenzierende Betrachtungsweise, die das Wissen um die Gefährlichkeit jeder Schablonisierung und um die Unbrauchbarkeit von Patentlösungen und praxisfernen Schreibtischplanungen einschließt. Mit Theorie allein ist die Entwicklungsaufgabe nicht zu lösen, aber auch nicht ohne Theorie."

Im Rahmen der nachfolgenden methodischen Aufbereitung des Themenkomplexes „Entwicklungsländer/-hilfe" wird der Versuch unternommen, beiden o. g. Sichtweisen Rechnung zu tragen, d. h. generelle Betrachtungsweisen wechseln mit örtlich begrenzten Fallstudien.

Abschließend sei vermerkt, daß die Komplexität des Themas fächerkooperatives Arbeiten verlangt. Gefragt sind hier neben der Erdkunde die Fächer Religion, Sozialkunde, Geschichte und Wirtschaftskunde.

**Sachinformation**

*1. Was ist ein Entwicklungsland?*

Der Begriff „Entwicklungsland" tauchte erstmals im Jahre 1949 im UNO-Programm unter der Bezeichnung „underdeveloped countries" auf. Eine einheitliche Definition dieses Begriffes gibt es nicht. Die Vereinten Nationen setzen als Maßstab das Pro-Kopf-Einkommen der Bevölkerung. Liegt dieses Einkommen unter 25% des Einkommens in den Industrieländern, gilt ein Land als Entwicklungsland. Bezugswährung ist der US-Dollar. Die Einkommensgrenze liegt derzeit bei 500 US-Dollar. Andere Institutionen nehmen als Kriterium des Entwicklungsniveaus eines Landes das Bruttosozialprodukt, welches allerdings nichts über die Verteilung des Sozialprodukts und damit über den Lebensstandard des einzelnen aussagt.

Die UN führen zwei Listen besonders armer Länder:
– LLDC-Liste (least developed countries). In dieser Liste sind die 28 ärmsten Entwicklungsländer erfaßt, welche über ein Pro-Kopf-Einkommen von weniger als 100 US-Dollar im Jahr verfügen. Die Analphabetenquote steigt über 80% der Gesamtbevölkerung.
– MSAC-Liste (most seriously affected countries). Hier sind derzeit 45 Länder erfaßt, welche besonders unter einem extremen Preisanstieg bei wichtigen Importgütern aufgrund der steigenden Ölpreise leiden, während sie für ihre Exporte verhältnismäßig geringe Erlöse erzielen. 24 MSAC-Länder sind zugleich LLDC-Länder.

Heute faßt man die Entwicklungsländer auch unter der Bezeichnung „Dritte Welt" zusammen. Die Aktuelle IRO-Landkarte 320/C 57 (1976) spricht in diesem Zusammenhang von „Fünf Welten":
Erste Welt: Westliche Industrieländer mit

einer mehr oder minder entwickelten kapitalistischen Marktwirtschaft (u.a. USA, Bundesrepublik, Japan, Israel, Australien)
Zweite Welt: Länder der kommunistischen Welt mit einer Zentralverwaltungswirtschaft (u.a. UdSSR, DDR, VR China, Nordkorea)
Dritte Welt: Länder, die über reiche Rohstoffreserven verfügen, jedoch wirtschaftlich noch unterentwickelt sind (u.a. Mexiko, Peru, Libyen, Iran)
Vierte Welt: Wenig entwickelte Länder mit geringen bis knapp ausreichenden Rohstoffquellen bei gleichzeitig hohem Bedarf an technischem Know-how (u.a. Kolumbien, Ägypten, Kenia, Indien)
Fünfte Welt: Wirtschaftlich stark zurückgebliebene Länder mit ungünstigem Naturpotential (u.a. Äthiopien, Niger, Afghanistan, Bangla Desh) (vgl. H.-U. Bender u.a. 1980).

## 2. Strukturmerkmale der Entwicklungsländer

H.-U. Bender u.a. (1980) nennen folgende Strukturmerkmale eines Entwicklungslandes:
– Hohe Wachstumsrate der Bevölkerung
– Mangelhafte quantitative und qualitative Ernährung
– Unzureichende medizinische Versorgung
– Niedrige Lebenserwartung
– Unterentwickeltes Bildungswesen mit hoher Analphabetenquote
– Mangel an qualifizierten Arbeitskräften, Lehrern, Ärzten, Führungskräften
– Traditionelle Verhaltensweisen bei der Masse der Bevölkerung
– Hohe Arbeitslosenquote
– Ungleiche Besitzverteilung
– Geringes Pro-Kopf-Einkommen
– Unzureichende Kapitalbildung und dadurch bedingt niedrige Investitionsquoten
– Viele Beschäftigte in der Landwirtschaft, wenig Industriebeschäftigte
– Vorherrschende Subsistenzwirtschaft in der Landwirtschaft

– Extensive Anbaumethoden und geringe Produktivität der Landwirtschaft
– Hoher Anteil der Landwirtschaft am Bruttosozialprodukt
– Einseitige Produktionsstruktur der Industrie
– Einseitig auf Export orientierter Bergbau
– Einseitige Rohstoffabhängigkeit
– Niedriger Grad der technischen Ausbildung und Entwicklung
– Unzureichende Infrastruktur
– Einseitige Exportstruktur (landwirtschaftliche und mineralische Rohstoffe)
– Negative Handelsbilanz, hohe Auslandsverschuldung
– Sozioökonomischer, technischer und regionaler Dualismus
– Unkontrollierter Verstädterungsprozeß mit Slumbildung
– Politische Instabilität

## 3. Ursachen und Folgen des Entwicklungsdefizits

Dazu gibt es eine Vielzahl von Theorien, die auf komplexen naturgeographischen, soziologischen, historischen, politischen und demographischen Gründen basieren (vgl. dazu H.-U. Bender u.a. 1980). Fragt man nach den Ursachen des Hungers, als dem wohl gravierendsten und folgenschwersten Merkmal der Unterentwicklung, so wird i.d.R. auf den „Teufelskreis der Armut" hingewiesen, der stark elementarisiert, jedoch für schulische Zwecke ausreichend, Determinanten in ihrer Kausalität aufzeigt (vgl. Abb. S. 64).

## 4. Die Entwicklungshilfe

Nach den Fehlschlägen der vorwiegend finanziell gearteten Entwicklungshilfe in den 60er Jahren kristallisierte sich allmählich eine Grunderkenntnis jeglicher Entwicklungspolitik heraus: Entwicklungshilfe ist Erziehung zur Selbsthilfe.

(Information zur politischen Bildung I, Bonn 1969)

Wirksame Entwicklungshilfe führt zu einem tiefen Eingriff in das innere Gefüge, die geistigen Grundlagen und das Verhalten eines Volkes.
Heute wird nur noch selten reine *Kapitalhilfe* ohne Auflagen gewährt. Es dominieren die *Programmhilfe*, die größere Planungen beinhaltet und die *Projekthilfe*, welche Einzelplanungen angeht.
Im einzelnen gibt es die *technische Hilfe* (zuständig ist für die Bundesrepublik die „Deutsche Gesellschaft für Technische Zusammenarbeit" = GTZ), die *Bildungshilfe*, die *Handelshilfe* in Form von Abschlüssen gegenseitiger Handelsverträge, die *Militärhilfe* und die *humanitäre* Hilfe bei katastrophalen Naturereignissen.
Schwerpunkte der Entwicklungshilfe der Bundesrepublik Deutschland sind im einzelnen:
- Strukturverbesserungen in ländlichen Gebieten durch Entwicklung von Landwirtschaft, Gewerbe und Infrastruktur
- Bekämpfung von Arbeitslosigkeit und Unterbeschäftigung
- Ausbau von arbeits- und umweltorientierten Bildungssystemen
- Aufbau zusätzlicher Industrien zur Ersparnis bzw. Erwirtschaftung von Devisen

- Stärkung der Planungs- und Organisationsfähigkeit der Entwicklungsländer
- Unmittelbare Verbesserung der Lebensbedingungen durch Unterstützung von Programmen für Familienplanung, Gesundheits- und Ernährungswesen

Kriterien zur Leistung von Entwicklungshilfe sind die Bedürftigkeit, die Eigeninitiative und wirtschaftliche Situation des Landes.
Die Bundesrepublik Deutschland leistete im Jahre 1979 Entwicklungshilfen im Wert von insgesamt fast 14 Mrd. DM, während es im Jahr davor noch über 15 Mrd. DM waren.
Die Durchführung eines Entwicklungsprogramms erfolgt nach einem bestimmten Schema (s. auch Abb. 4, S. 74):

Projektvorschlag durch die Regierung des Entwicklungslandes
↓
Prüfung des Vorschlags durch das Bundesministerium für wirtschaftliche Zusammenarbeit (BMZ)
↓
Auswertung der Prüfungsergebnisse
↓
Verhandlungen mit der Regierung des Entwicklungslandes über Details der Durchführung
↓
Regierung des Entwicklungslandes und BMZ schließen ein Abkommen
↓
Auftragsvergabe zur Durchführung des Projekts durch das BMZ

**Differenzierung der Grobziele: Stundenziele/Feinziele und Zuordnung von Strukturbegriffen**

1 Einsicht in grundlegende Strukturmerkmale der Industrie- und Entwicklungsländer
1.1 Den Schüler für die Gegensätze in der Welt sensibilisieren
1.2 Strukturmerkmale von Industrie- und Entwicklungsländern nennen
1.3 Wirtschaftsstrukturen der Industrie- und der Entwicklungsländer miteinander vergleichen

1.4 Industriezentren auf der Erde nennen und lokalisieren
1.5 Gebiete mit starkem/geringem Bevölkerungswachstum, hoher / geringer Analphabetenquote, hohem / niederem Pro-Kopf-Einkommen, guter/ schlechter ärztlicher Versorgung, Normal- und Überernährung/Unterernährung nennen und lokalisieren
1.6 Die Entwicklungsländer als Agrarstaaten charakterisieren
1.7 Erscheinungsformen des Nord-Süd-Gefälles beschreiben
1.8 Entwicklungs- und Industrieländer hinsichtlich der Verteilung der Weltbevölkerung und des Pro-Kopf-Einkommens miteinander vergleichen
1.9 Das Nord-Süd-Gefälle als eine Bedrohung des Weltfriedens erkennen
1.10 Gegenmaßnahmen zur fortschreitenden Bevölkerungsexplosion in den Entwicklungsländern diskutieren
1.11 Anhand von Karten über ein Entwicklungsland referieren
1.12 Mittels der Andenstaaten aufzeigen, daß viele Entwicklungsländer einstmals blühende Kulturreiche waren

*Strukturbegriffe:* Nord-Süd-Gefälle, Tropen/ Subtropen, Nordhalbkugel, Hungergürtel der Erde, Lateinamerika, Ungunstraum, intensiver Ackerbau, Industriegebiet, Bevölkerungsexplosion, Bevölkerungsstagnation, Analphabet / Analphabetenquote / Analphabetentum, mittlere Lebenserwartung, Pro-Kopf-Einkommen, Industrie- / Entwicklungsland, Dritte Welt, Agrarstaat

2 Einsicht in Agrarstrukturen der Entwicklungsländer hinsichtlich Ursachen und Folgen
2.1 Gründe für die geringe Produktivität in der Landwirtschaft vieler Entwicklungsländer diskutieren
2.2 Agrarstrukturen der Entwicklungsländer darlegen

2.3 Folgen der Monokultur für die Entwicklungsländer beschreiben
2.4 Veraltete Agrarmethoden und Anbaugeräte der Entwicklungsländer nennen und deren Nachteile erörtern
2.5 Die ungleiche Besitzverteilung in vielen Entwicklungsländern in ihrer Erscheinungsform beschreiben und in ihren Folgen analysieren
2.6 Möglichkeiten zur Minderung der wirtschaftlichen Krisenanfälligkeit der Entwicklungsländer aufzeigen
2.7 Über die Anbaubedingungen, Anbaugebiete, den Anbau und die Weiterverarbeitung einer tropischen Kulturpflanze referieren

*Strukturbegriffe:* Export, Exportgut, Monokultur, Produktivität, Weltmarktpreis, Konjunktur, Erzeuger- / Abnehmerland, Agrarmethoden, Großgrundbesitzer, Latifundien / Minifundien

3 Einsicht in Ursachen und Folgen des Analphabetentums in den Entwicklungsländern
3.1 Die Bedeutung des Bildungsstandes der Bevölkerung für die Entwicklung eines Landes erklären
3.2 Die Entwicklungsländer als Gebiete mit hoher Analphabetenquote charakterisieren
3.3 Gründe für die hohe Analphabetenquoten in den Entwicklungsländern nennen
3.4 Zusammenhänge zwischen der Bildung und der landwirtschaftlichen Produktivität von Staaten interpretieren
3.5 Den Teufelskreis der Unterentwicklung aufzeigen, ausgehend vom Bildungsmangel

*Strukturbegriffe:* Analphabet / Analphabetenquote / Analphabetentum, Bildungsmangel, Teufelskreis der Unterentwicklung

4 Einsicht in Ursachen und Folgen des schlechten Gesundheitszustandes vieler Menschen in den Entwicklungsländern
4.1 Die Arbeitsbedingungen eines Landarztes in NO-Brasilien beschreiben
4.2 Tropenkrankheiten nennen und eine Tropenkrankheit hinsichtlich Erreger und Verlauf beschreiben
4.3 Verhaltens- und Vorbeugemaßnahmen gegen Tropenkrankheiten aus einem Prospekt über Fernreisen auflisten

*Strukturbegriffe:* Lebenserwartung, Tropenkrankheit, Lepra, Malaria, Schlafkrankheit, Gelbfieber, Pocken, Trachom, Unter-/Fehlernährung, Protein

5 Einsicht in Hinduismus und Kastenwesen als entwicklungshemmende Faktoren in Indien
5.1 Das Kastenwesen in seinen Folgen auf die Sozialordnung Indiens beschreiben
5.2 Wesentliche Merkmale des Hinduismus nennen
5.3 Auswirkungen des Hinduismus auf die Wirtschaft Indiens darlegen
5.4 Auswirkungen des Kastenwesens auf die Wirtschaft Indiens darlegen
5.5 Kastenwesen und Hinduismus als entwicklungshemmende Faktoren in Indien analysieren
5.6 Möglichkeiten und Grenzen diskutieren, die alten Gesellschaftsformen in Indien durch Gesetze zu überwinden
5.7 Über das Wesen und die räumliche Verbreitung des Buddhismus und Islams referieren

*Strukturbegriffe:* Hinduismus, Kastenwesen/Kaste, Fatalismus, Hindu, soziale Ordnung, Buddhismus, Islam

6 Einsicht in Ursachen und Folgen der zunehmenden Verstädterung in dem Entwicklungsland Chile

6.1 Das Erscheinungsbild eines Slums beschreiben und die dortigen Wohnverhältnisse mit unseren Verhältnissen vergleichen
6.2 Über die Arbeitsbedingungen der Slumbewohner berichten
6.3 Den Gesundheitszustand vieler Slumbewohner schildern und Gründe dafür nennen
6.4 Ursachen des Slum-Wachstums in den Großstädten vieler Entwicklungsländer nennen
6.5 Den Anteil der Slumbevölkerung an der Gesamtbevölkerung einiger Großstädte der Dritten Welt nennen
6.6 Maßnahmen zur Eindämmung der Landflucht vieler Menschen in den Entwicklungsländern diskutieren

*Strukturbegriffe:* Slum, sanitäre Einrichtungen, Landflucht

7 Einsicht in Möglichkeiten und Schwierigkeiten der Entwicklungshilfe
7.1 Die wichtigsten Strukturmerkmale der Entwicklungsländer wiederholend nennen
7.2 Die Schüler für die Schwierigkeiten der Selbsthilfe der Entwicklungsländer zur Überwindung der Unterentwicklung sensibilisieren
7.3 Formen der Entwicklungshilfe nennen
7.4 Zwischen bi- und multilateraler Entwicklungshilfe unterscheiden
7.5 Internationale, nationale und nichtstaatliche Hilfsorganisationen nennen
7.6 Hilfsaktionen der Kirche in der BR Deutschland nennen
7.7 Auswirkungen der Ansiedlung eines ausländischen Industriebetriebes in einem Entwicklungsland nennen
7.8 Aufzeigen, daß bei der Entwicklungshilfe traditionelle Strukturen und Verhaltensweisen berücksichtigt werden müssen

7.9 Die Nachteile der Kapitalhilfe diskutieren
7.10 Darlegen, inwiefern Entwicklungshilfe auch Friedenssicherung ist
7.11 Über ein konkretes Projekt der Entwicklungshilfe anhand verschiedener Materialien referieren

*Strukturbegriffe:* Entwicklungshilfe, Hilfsorganisation, technische Hilfe, medizinische Hilfe, Bildungshilfe, Handelshilfe, Kapitalhilfe, Agrarhilfe, Alphabetisierung, Infrastruktur, Bodenreform

8 Einsicht in die Bedeutung der Entwicklungsländer als Rohstoffländer
8.1 Produkte aus Entwicklungsländern auflisten
8.2 Handelswege von Exportgütern aus Ländern der Dritten Welt an der Karte verbalisieren
8.3 Den Anteil der Entwicklungsländer am Weltexport ausgewählter Güter aufzeigen
8.4 Den wachsenden Anteil der Industrieländer und den sinkenden Anteil der Entwicklungsländer am Welthandel an Diagrammen analysieren
8.5 Den Ausspruch erörtern: Die Armen werden immer ärmer, die Reichen immer reicher
8.6 Die Warenstruktur des Weltexports im Hinblick auf die Verteilung auf Industrie- und Entwicklungsländer analysieren
8.7 Exportgüter der Entwicklungsländer nennen
8.8 Die Entwicklungsländer als Rohstoffländer charakterisieren
8.9 Die Folgen eines Ausfalls der Rohstofflieferungen aus den Entwicklungsländern am Beispiel der Autoindustrie erläutern
8.10 Den Ausspruch im Hinblick auf die wirtschaftliche Situation der Entwicklungsländer interpretieren: Bettler auf goldenem Thron.

*Strukturbegriffe:* Industrie-/Entwicklungsland, Export/Import, Agrarprodukte, mineralische Rohstoffe, Rohstoffland, Welthandel

**Medien**

*1. Wandkarten*

Physische Weltkarte
Staatenkarte der Erde
Erdteilkarten

*2. Atlanten*

Alexander Weltatlas-Gesamtausgabe, Klett 1976, S. 88/89, S. 101, S. 115/116, S. 122
Diercke Weltatlas, Westermann 1974, S. 178, S. 184/185, S. 188–191
List Großer Weltatlas, List 1976, S. 8/9, S. 26/27
Unsere Welt, Velhagen & Klasing / Schroedel 1978, S. 96/97, S. 106–108

*3. Lehrbücher*

Bagel, Neue Geographie 9/10 (1978), S. 52f.
Blutenburg/Schöningh, Erdkunde 8 (1979), S. 14f., S. 22f., S. 38f., S. 53f., S. 58f., S. 62f., S. 80f.
Hirschgraben, Der Mensch gestaltet die Erde, Band 3 (o.J.), Kap. 6 und 7
Hirt/Schöningh, Blickpunkt Welt 2 (1980), S. 89f., S. 106f., S. 123f., S. 173f.
Hirt/Schroedel, Geographie thematisch 7/8 (1978), S. 175f., S. 179f., S. 182f., S. 186f.
Hirt/Schroedel, Geographie thematisch 9 (1980), S. 22f.
Klett, Geographie 9/10 (1974), S. 210f.
Klett, Geographie Terra 9/10 – Regionalausgabe RPL (1980), S. 108f., S. 128f., S. 202f.
List, Geographie 9/10 (1979), S. 48f., S. 52f., S. 134f.
Mundus, Die Erde unser Lebensraum 2 (1975), S. 55f., S. 128f., S. 147f.

Oldenbourg / Prögel / Westermann, Erdkunde 8 (1978), S. 4f., S. 12f., S. 22f., S. 40f., S. 48f., S. 60f., S. 66f.
Velhagen & Klasing / Schroedel, Dreimal um die Erde, Band 3 (1977), S. 10f., S. 106f.
Westermann, Welt und Umwelt 9/10 – Regionalausgabe RPL (1980), S. 66f., S. 68f., S. 70f., S. 74f., S. 76f., S. 78f., S. 80f., S. 82f.
Westermann, Welt und Umwelt 9/10 (1975), S. 298f., S. 300f., S. 302f., S. 304f., S. 306f., S. 310f., S. 334f., S. 336f.

FWU 32 2860 Nigeria
FWU 32 0707 Glaube und Leben der Hindus
FWU 32 2019 Pakistan auf dem Weg zum Industriestaat
FWU 32 0618 Rourkela – Stahl für Indien
FWU 32 3087 Entwicklungshilfe im Staat Niger
FWU 32 3169 Hilfe zur Selbsthilfe: Ökologischer Landbau im Entwicklungsland Rwanda

*4. Transparente*

Klett: Reiche und arme Länder
Westermann: Dependenztheorie
Westermann: Teufelskreis der Armut
Westermann: Industrielle Entwicklungsimpulse

*5. Dias*

FWU 10 0803 Landwirtschaft in Brasilien
FWU 10 0595 Indien: Bilder aus einem Entwicklungsland
FWU 10 2052 Kolumbien: Beispiel eines südamerikanischen Entwicklungslandes
FWU 10 0750 Eingeborenenwirtschaft in der afrikanischen Savanne
FWU 10 2074 Dorfleben in Nordindien
FWU 10 0887 Alte Gesellschaftsformen in Afrika
FWU 10 2299 Industrielle Entwicklung in Ostafrika
FWU 10 2298 Landwirtschaftliche Entwicklung in Ostafrika
Westermann: Entwicklungsländer

*6. Filme*

FWU 32 2350 Favela – Das Leben in Armut
FWU 32 0911 Hochlandindianer in Peru
FWU 32 0627 Indianerdorf in Mexiko
FWU 32 0573 Jalgaon: Ein Dorf im Dekkan (Indien)

*7. Tonband*

FWU 20/22 2187 Indien: Probleme der Entwicklung

*8. Schulfunk*

SDR / SR / SWF Zwischen Nairobi und Kigali – Entwicklungsprobleme in Ostafrika
SDR / SR / SWF Zwischen Wagadugu und Abidjan – Entwicklungsprobleme in Westafrika

*9. Arbeitsmaterialien*

Diesterweg / Kösel: Entwicklungshilfe (RP-Modelle)
Diesterweg: Indien, Land der Gegensätze
Hirschgraben: Entwicklungshilfe
Klett: Bevölkerungsprobleme in Ländern der Dritten Welt
Klett: Menschen in ihrer Umwelt – Studien zur Geographie 24 und 44
Schroedel: Entwicklungspolitik

*10. Programm*

Klett: Hunger – ein Weltproblem

*11. Leseheft*

Klett: Leseheft Geographie – Not und Hilfe in Entwicklungsländern

## Überblick über die Unterrichtseinheit

Zeitrichtwert: 12 Stunden

### PHASE DER SENSIBILISIERUNG/MOTIVIERUNG

1. Bilder/Texte/Schlagzeilen: Erkennen von Kontrasten zwischen dem persönlichen Lebensstil des Schülers in unserer Wohlstandsgesellschaft und den Lebensbedingungen in der Dritten Welt
2. Aktuelles Ereignis: Sammelaktion für die Dritte Welt/Fernsehsendung
3. Grunderkenntnis: Auf der Erde gibt es noch immer krasse Gegensätze in den Lebensbedingungen der Menschen.

IMPULS:
„Angesichts dieser Gegensätze drängen sich uns Fragen auf!"

### PHASE DER PROBLEMATISIERUNG

### PHASE DER HYPOTHESENBILDUNG/METHODENREFLEXION

### KOGNITIONSPHASE A = LZ 1

1. Auswertung von thematischen Karten in Gruppenarbeit:
   - Ernährung der Erdbevölkerung/Weltwirtschaft
   - Weltwirtschaft/Bodennutzung
   - Wachstum der Erdbevölkerung
   - Analphabeten in der Welt
   - Lebenserwartung/Ärztliche Versorgung
   - Pro-Kopf-Einkommen auf der Erde
2. Zusammenschau/Überblick/Wertung mit Topographie: Strukturmerkmale des Nord-Süd-Gefälles, Entwicklungs- und Industrieländer

### KOGNITIONSPHASE B = LZ 2

1. Bild: Hungernde Menschen
2. Impuls: In den Entwicklungsländern arbeiten 8 von 10 Menschen in der Landwirtschaft
3. Problematisierung/Hypothesen
4. Zahlenmaterial: Abhängigkeit von einem Exportgut/Monokulturen
5. Film: Veraltete Agrarstrukturen und Anbaugeräte
6. Text: Ungleiche Besitzverteilung

### KOGNITIONSPHASE C = LZ 3

1. Bezug auf das Strukturmerkmal „Hohe Analphabetenquote"
2. Bedeutung der Bildung zur Entwicklung/Bedeutung der Kulturtechniken im täglichen Leben
3. Problematisierung/Hypothesen
4. Schaubild: Ursachen der hohen Analphabetenquote in den Entwicklungsländern
5. Skizze/Diagramm: Folgen des Analphabetentums

### KOGNITIONSPHASE D = LZ 4

1. Bezug auf das Strukturmerkmal „Geringe Lebenserwartung/Ärztliche Unterversorgung"
2. Vermutungen hinsichtlich Ursachen und Folgen
3. Text: Gründe für den schlechten Gesundheitszustand vieler Menschen in den Entwicklungsländern/Tropenkrankheiten
4. Texte: Ergänzende Fallstudien zur medizinischen Situation in den Entwicklungsländern

### KOGNITIONSPHASE E = LZ 5

1. Zitat (TA): s. 7. Stunde
2. Spontanäußerungen/ Problematisierung/ Sondierung des Vorwissens
3. Text: Wesen von Hinduismus und Kastenwesen
4. Text: Hinduismus und Kastenwesen als entwicklungshemmende Faktoren in Indien
5. Tonband: Indien – Probleme der Entwicklung

### KOGNITIONSPHASE F = LZ 6

1. Bild: Slum
2. Vergleich mit unseren Wohnverhältnissen
3. Text: Wohnverhältnisse/Arbeitsbedingungen/Gesundheitszustand der Slumbewohner/Gründe für den Zuzug in die Slums
4. Zahlen: Anteil der Slumbevölkerung an der Gesamtbevölkerung ausgewählter Großstädte
5. Film: Favela – Das Leben in Armut

### KOGNITIONSPHASE G = LZ 7

1. Wiederholender Rückblick auf die wichtigsten Strukturmerkmale der Entwicklungsländer mit Topographie (Weltkarte/Erdteilkarten)
2. Diskussion: Möglichkeiten und Schwierigkeiten der Entwicklungsländer zur Selbsthilfe (evtl. Rollenspiel)
3. Sondierung des Vorwissens: Entwicklungshilfe, Hilfsorganisationen
4. Schaubild: Bi-/multilaterale Hilfe, Hilfsorganisationen
5. Diskussion: Nachteile der Kapitalhilfe/Voraussetzungen und Wirkungen anderer Hilfsmaßnahmen aufgezeigt am „Teufelskreis der Unterentwicklung"/Entwicklungshilfe = Hilfe zur Selbsthilfe
6. Ergänzender Medieneinsatz zu Fallstudien der Entwicklungshilfe
7. Texte: Nachteile der Entwicklungshilfe für die Entwicklungsländer

### KOGNITIONSPHASE H = LZ 8

1. Vorbereitende Arbeit: Sammeln von Bildern/Etiketten von Waren/Gütern aus Ländern der Dritten Welt
2. Topographie: Exportländer/Handelswege
3. Erkenntnis 1: Zwischen dem Industrieland BR Deutschland und den Entwicklungsländern bestehen rege Handelsbeziehungen
4. Diagramme: Anteil der Entwicklungsländer am Weltexport ausgewählter Güter/Anteil der Entwicklungs- und Industrieländer am Welthandel/Warenstrukturen des Weltexports bei Entwicklungs- und Industrieländern
5. Erkenntnis 2: Die Industrieländer brauchen die Entwicklungsländer als Rohstofflieferanten (Beispiel: Autoindustrie)

## 12. Informationsquellen / Anschriften

Bundesministerium für wirtschaftliche Zusammenarbeit (BMZ), Öffentlichkeitsreferat, Karl-Marx-Straße 4–6, 5300 Bonn

Deutsche Stiftung für Entwicklungsländer (DSE), Simrockstraße 1, 5300 Bonn

Aktion Dritte Welt, Lorettostraße 20a, 7800 Freiburg

Aktion Dritte Welt-Handel, Gerokstraße 21, 7000 Stuttgart 1

Arbeitsgemeinschaft für Entwicklungshilfe (AGEH), Theodor-Hürth-Straße 2–6, 5000 Köln-Deutz

Brot für die Welt, Stafflenbergstraße 76, 7000 Stuttgart

Deutscher Entwicklungsdienst (DED), Kladower Damm 299, 1000 Berlin 22

Misereor, Mozartstraße 9, 5100 Aachen

Terre des Hommes Deutschland e.V., Barfüßerkloster 1, 4500 Osnabrück

Weltfriedensdienst e.V., Friedrichstraße 236, 1000 Berlin 61

Dienste in Übersee (DÜ), Gerokstraße 17, 7000 Stuttgart 1

Deutsche Welthungerhilfe, Adenauerallee 134, 5300 Bonn

Ernst, E. / Hoffmann, G. (Hrsg.): Geographie für die Schule. Braunschweig 1978

Engelhard, K.: Entwicklungsländerprobleme im Unterricht. In: Geographische Rundschau 8/1980. Braunschweig

Engelhard, K. (Hrsg.): Entwicklungsländerprobleme im Geographieunterricht der S I und S II. In: Beiheft zur Geographischen Rundschau 3/1978. Braunschweig

Gaigl, K.: Entwicklungsmodell Peru. In: Fragenkreise. Paderborn/München 1979

Gaitzsch, A.: Das Anta-Projekt. In: Fragenkreise. Paderborn/München 1977

Hottes, K.-H. (Hrsg.): Geographische Beiträge zur Entwicklungsländerforschung. Bonn 1979

Ihde, G.: Die Dritte Welt in einem neuen geographischen Curriculum. In: Geographische Rundschau 3/1974. Braunschweig

Schmidt, A.: Entwicklungshilfe und Akkulturation. In: Geographie im Unterricht 10/1980. Köln

Storkebaum, W.: Entwicklungsländer und Entwicklungspolitik. Braunschweig 1977

Weigt, E.: Entwicklungsland Indien. In: Fragenkreise. Paderborn/München 1979

## Literatur

Bender, H.-U. u.a.: Fundamente, Geographisches Grundbuch für die S II. Stuttgart 1980

Eppler, E.: Probleme der Dritten Welt. In: Geographische Rundschau 12/1971. Braunschweig

# Anlagen

## 1. Bildungsstand in Europa und Afrika

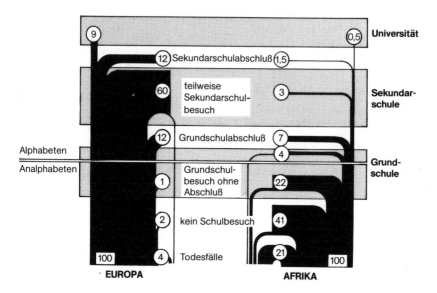

## 2. Bildungsstand und landwirtschaftliche Produktivität

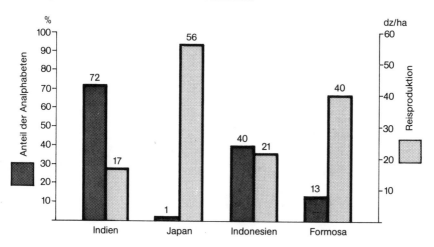

## 3. Teufelskreis der Unterentwicklung

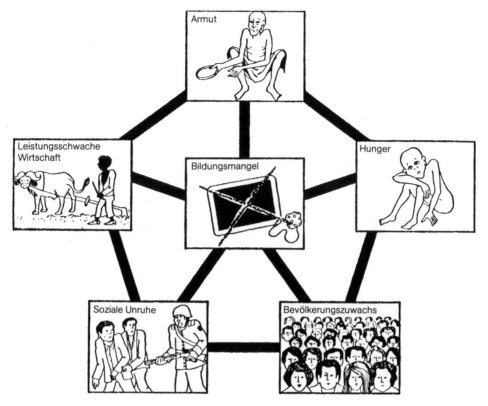

(Quelle: Westermann, Welt und Umwelt 9/10, Regionalausgabe RPL (1980), S. 78)

## 4. Möglichkeiten der Entwicklungshilfe/Hilfsorganisationen

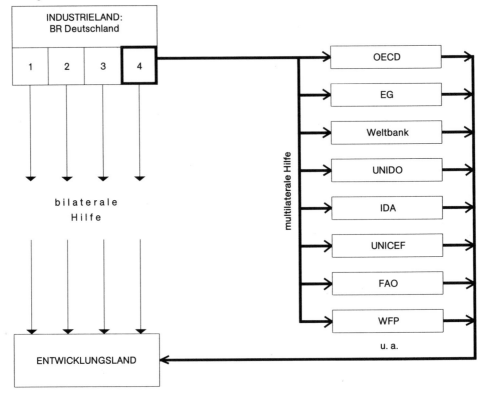

1 = Kirchliche Institutionen
   Misereor
   Adveniat
   Brot für die Welt u. a.
2 = Privatwirtschaft
   VW do Brasil u. a.
3 = Nichtstaatliche Institutionen
   Arbeiterwohlfahrt
   Deutsches Aussätzigen Hilfswerk
   DRK
   Deutsche Welthungerhilfe u. a.
4 = Staatl. Institutionen bzw. vom Staat gefördert
   Bundesministerium für wirtschaftliche Zusammenarbeit (BMZ)
   Deutsche Gesellschaft für technische Zusammenarbeit
   Deutscher Entwicklungsdienst
   Deutscher Akademischer Austauschdienst u. a.

Erklärung der Abkürzungen:

| | | |
|---|---|---|
| OECD | = | Organization for Economic Cooperation and Development |
| EG | = | Entwicklungsfonds der Europäischen Gemeinschaft |
| Weltbank | = | Internationale Bank für Wiederaufbau und Entwicklung |
| UNIDO | = | Industrieentwicklungsorganisation der UN |
| IDA | = | Internationale Entwicklungsgesellschaft |
| UNICEF | = | Weltkinderhilfswerk der UN |
| FAO | = | Organisation für Ernährung und Landwirtschaft der UN |
| WFP | = | Welternährungsprogramm der UN |

## 4.3 Welthandel und Weltverkehr

**Grobziele**

Einsicht in Umfang und Bedeutung des Außenhandels der Bundesrepublik Deutschland und des Welthandels
Vertrautheit mit den wichtigsten Transportmitteln und -wegen des Welthandels

**Didaktischer Abriß**

Es wird auf die einleitenden Ausführungen zu Beginn des Themenkreises „Das Leben in der Einen Welt" aufmerksam gemacht.
Im täglichen Leben begegnet der Schüler ständig importierten Gütern, die sich als Folge des Außenhandels der Bundesrepublik Deutschland verstehen, angefangen von Produkten der japanischen Auto- und optischen Industrie bis hin zum Kaffee, Tee und Kakao aus Ländern der Dritten Welt. Die internationalen Handelsbeziehungen sind eine nicht mehr wegzudenkende Selbstverständlichkeit in unserem Leben geworden, ja sie sind zu einem erheblichen Teil Garant für unser Leben in Wohlstand und Luxus.
Andererseits hört der Schüler aber auch von den Konflikten und Problemen, die der Welthandel mit sich bringt, wie z. B. von dem zunehmenden Konkurrenzdruck der japanischen Autohersteller auf den deutschen Markt oder von den Folgen eines möglichen Erdöl-Import-Stops, angefangen vom autofreien Sonntag über Benzinpreiserhöhungen bis hin zu drohender Kurzarbeit oder gar Firmenschließungen im Bereich der Petrochemie.
Die genannten Beispiele machen die unmittelbare Betroffenheit des Schülers von der anstehenden Thematik deutlich und zeigen andererseits deren didaktische Legitimation in einem modernen Erdkundeunterricht auf, der zum Verstehen von Vorgängen im Nah- und Fernraum qualifizieren will: Der Außenhandel der Bundesrepublik Deutschland bildet die Grundlage für Millionen von Arbeitsplätzen in unserem Land, er bildet die Basis für unseren hohen Lebensstandard.
Die anstehende Thematik nimmt nicht nur Bezug auf geographische Sachverhalte, sondern sie tangiert ferner auch noch politische und wirtschaftliche Fragestellungen, womit die Bedeutung eines kooperativen Arbeitens zwischen den angesprochenen Fachbereichen offenkundig wird. Schließlich dürfte auch eine – wenngleich im Hinblick auf die Stufe noch vordergründige – Einsichtnahme in die Verflechtungen zwischen Wirtschaft und Politik möglich sein. Nachdrücklich muß jedoch vor der Gefahr eines Abgleitens in rein politische und/oder wirtschaftstheoretische Inhalte gewarnt werden, wie sie im Rahmen dieser Unterrichtseinheit in hohem Maße vorliegt. Der *Raumbezug* ist stets zu wahren!
Abschließend sei auch auf die Möglichkeiten eines globalen topographischen Arbeitens hingewiesen, welche die vorliegende Einheit im Interesse der Ausdifferenzierung und Festigung des Raumkontinuums bietet:
– Lokalisation von Export- und Importländern der Bundesrepublik Deutschland
– Lokalisation von Welthandelszentren (Staaten, Blöcke) bzw. von Räumen mit nur schwach ausgebautem Außenhandel
– Verbalisierung und Lokalisierung von Waren-Verkehrsströmen der Erde

**Sachinformation**

*1. Begriffe*

*Handel:* Tausch oder Verkauf von Gütern. Vermittler zwischen Produzent und Konsument. Die Notwendigkeit des Handels überhaupt erwächst aus der nationalen und internationalen Arbeitsteilung. Dabei spielen vor allem die unterschiedlichen Naturpotentiale

und Produktionsbedingungen der einzelnen Staaten/Räume eine entscheidende Rolle. Sie führen zu einer ständigen, auch häufig wechselnden Angebots- und Nachfragesituation in der Welt.
*Binnenhandel:* Handel mit Gütern innerhalb der Staatsgrenze.
*Außenhandel:* Grenzüberschreitender Handel in Form von exportierten und importierten Gütern.
*Zahlungsbilanz (Leistungsbilanz):* Summe aller wirtschaftlichen Vorgänge zwischen dem In- und Ausland, zwischen In- und Ausländern: Außenhandel + Wert der Dienstleistungen an das Ausland bzw. des Auslandes an die Bundesrepublik + Kapitaltransaktionen zwischen dem Ausland und der Bundesrepublik. Die Zahlungsbilanz (Leistungsbilanz) gibt wesentlich genauer Auskunft über die wirtschaftliche Situation eines Staates als nur die Handelsbilanz.
*Welthandel:* Die Summe der Außenhandelsbeziehungen aller Länder der Erde untereinander.
Die führenden Welthandelsländer:

| Import (1978) | Export (1979) |
|---|---|
| USA | USA |
| BR Deutschland | BR Deutschland |
| Frankreich | Japan |
| Japan | Frankreich |
| Großbritannien | Großbritannien |
| Italien | Sowjetunion |
| Niederlande | Italien |
| Sowjetunion | Niederlande |
| Belgien/Luxemburg | Saudi-Arabien |
| Kanada | Kanada |
| Schweiz | Belgien/Luxemburg |
| Saudi-Arabien | Iran |
| Schweden | Schweiz |
| Spanien | Schweden |
| Österreich | Australien |

(Quelle: Bender, H.-U.: Fundamente, Stuttgart 1980, S. 153)
*Aktive Handelsbilanz:* Der Wert aller exportierten Güter ist höher als der Gesamtwert der importierten Güter.

*Passive Handelsbilanz:* Der Wert aller importierten Güter ist höher als der Gesamtwert der exportierten Güter.
*Handelsvolumen:* Menge aller exportierten und importierten Güter zusammen.
*Devisen:* Zahlungsmittel eines anderen Staates, die zur Inanspruchnahme von ausländischen Leistungen (Importe, Dienstleistungen u. a.) notwendig sind.
*Welthandelsgüter:* Die UN erstellten im Jahre 1960 ein internationales Warenverzeichnis (Classification for Statistics and Tariffs = CST).
0 Lebensmittel
1 Getränke und Tabak
2 Nichteßbare Rohstoffe, ohne Brennstoffe
3 Mineralische Brennstoffe, Schmiermittel und ähnliches
4 Tierische und vegetabile Öle und Fette
5 Chemikalien
6 Industriewaren, nach Material geordnet
7 Maschinen, Transportmittel
8 Verschiedene Industriewaren
9 Übriger Handelsverkehr
(Quelle: Boesch, H.: Weltwirtschaftsgeographie, Braunschweig 1977, S. 260)

## 2. Der Außenhandel der Bundesrepublik Deutschland

Der Außenhandel der Bundesrepublik Deutschland ist geprägt durch eine aktive Handelsbilanz: Im Jahre 1978 standen 244 Mrd. DM Importwerten 285 Mrd. DM an Exportwerten gegenüber.
Bezieht man allerdings auch den Dienstleistungssektor (= Inanspruchnahme von ausländischen Transportmitteln, Urlaubsreisen in das Ausland) und Kapital-Transaktionen (= Überweisungen der Gastarbeiter in ihre Heimatländer, Zahlungen an internationale Organisationen und an Entwicklungsländer, Reparationsleistungen, Auslandsinvestitionen u. a.) mit ein, d. h. legt man die Zahlungsbilanz (Leistungsbilanz) zugrunde, so ergibt sich für die Außenwirtschaft der Bundesre-

publik Deutschland im Jahre 1979 erstmals ein Defizit seit 1965 von rund 10 Mrd. DM. Verantwortlich dafür sind in erster Linie die gestiegenen Ölkosten (s. Abb. 1–3, S. 81 ff.).

Der Handel zwischen den beiden deutschen Staaten (= Innerdeutscher Handel) wird von der Bundesrepublik Deutschland nicht zum Außenhandel gerechnet. Der Wert des Warenverkehrs mit der DDR ist allerdings auch relativ gering: Im Jahre 1979 bezog die Bundesrepublik aus der DDR Waren im Gesamtwert von rd. 4,8 Mrd. DM und lieferte Waren im Gesamtwert von rd. 5,1 Mrd. DM.

*3. Der Welthandel*

Erst im 19. Jahrhundert setzte der Welthandel verstärkt ein, bedingt durch die Ausbreitung des europäischen Kolonialismus. Internationale Handelsbeziehungen vollzogen sich anfangs primär zwischen den Kolonien und ihren Mutterländern. Um die Jahrhundertwende trat auch die USA immer stärker mit ihrem Außenhandel in Erscheinung.

Derzeit liegen die Zentren des Welthandels in den Industrieländern der Nordhalbkugel der Erde, die sich zum großen Teil zu Wirtschaftsgemeinschaften integriert haben. Westeuropa mit der EG hat das größte Handelsvolumen der Welt, bedingt durch den dortigen allgemeinen wirtschaftlichen Aufschwung nach dem 2. Weltkrieg, wobei allerdings sehr starke regionale Diskrepanzen zu registrieren sind. Nicht zuletzt hat auch die Bildung der EG ganz entscheidend zu dieser Spitzenposition im Welthandel beigetragen. Es folgen Nordamerika (USA und Kanada) und die RGW-Staaten (Sowjetunion, Bulgarien, Polen, Ungarn, Rumänien, CSSR, DDR, Kuba, Vietnam, Mongolei, Jugoslawien = assoziiertes Mitglied).

Den geringsten Anteil am Welthandel haben die Entwicklungsländer, wobei rückläufige Tendenzen vorliegen (1950: 30,7% – 1972: 18,3%). Die Ursachen dafür sind in erster Linie in den überkommenen kolonialen, veralterten Wirtschaftsstrukturen der Entwicklungsländer und in dem Vorsprung der Industrieländer im technologischen Know-how zu sehen (s. Abb. 4, S. 84).

Als rohstoffarmes Land ist die Bundesrepublik Deutschland vor allem auf Rohstoffimporte angewiesen.

Eine der bedeutendsten Organisationen, die sich die Förderung des Welthandels zum Ziel gesetzt hat, wurde 1948 in Genf gegründet: Das GATT (General Agreement on Tariffs and Trade) wickelt derzeit vier Fünftel des Welthandels ab. Es unterscheidet folgende Handelsgroßräume mit unterschiedlicher Struktur und Größe des Außenhandels:

– Industriestaaten: Vorwiegend werden Industrieerzeugnisse exportiert und Rohstoffe importiert.
– Ostblockstaaten: Untereinander bestehen sehr enge Handelsbeziehungen, die systembedingt sind: Streben nach Autarkie. 1960 wurden noch 70% des gesamten Außenhandels innerhalb des Blocks getätigt. Eine allmähliche weltweite Öffnung zeichnet sich ab.
– Entwickelte Rohstoffländer: Hierzu gehören Australien, Neuseeland und die Südafrikanische Union. Der Rohstoffexport dominiert immer noch trotz einer relativ hochentwickelten Landwirtschaft und Industrie, die jedoch vorwiegend der Befriedigung des Binnenmarktes dienen.
– Entwicklungsländer: Im Export sind die Entwicklungsländer weitgehend von einem einzigen Produkt abhängig. Große Teile des Außenhandels werden mit dem ehemaligen Mutterland abgewickelt. Die Handelsbeziehungen der Entwicklungsländer untereinander sind derzeit noch relativ schwach entwickelt.

*4. Transportwege und -mittel des Welthandels*

Welthandel wäre in seinem derzeitigen Volumen ohne moderne und leistungsfähige

Transportmittel nicht möglich. Während im interkontinentalen Güteraustausch vorwiegend Binnenschiffe, Eisenbahn (wichtigster Verkehrsträger zu Lande!), LKW und Rohrfernleitungen von Bedeutung sind, dominiert im kontinentalen-überseeischen Gütertransport eindeutig die Seeschiffahrt. Dabei verlaufen durch den nördlichen Teil des Atlantiks trotz Eisbehinderung und Gefährdung durch Nebel die verkehrsreichsten Seeschiffahrtswege der Erde. Von den 28 größten Seehäfen der Erde liegen allein 20 im Bereich des Nordatlantiks.

In den internationalen Seerouten spielen die Seekanäle eine bedeutende Rolle, da sie wichtige Seewege wesentlich verkürzen (s. Abb. 5, S. 84).

Aus Kosten- oder technischen Gründen (Tiefgang) nehmen allerdings die meisten Großtankschiffe auf ihrem Weg von den Ölfeldern des Persischen Golfes nach Westeuropa die Kap-Route und meiden den Suez-Kanal.

**Differenzierung der Grobziele:
Stundenziele/Feinziele und Zuordnung
von Strukturbegriffen**

1 Einsicht in Umfang und Bedeutung des Außenhandels der Bundesrepublik Deutschland und des Welthandels
1.1 Güter des täglichen Lebens nennen, die uns als Folge des Außenhandels der BR Deutschland zur Verfügung stehen
1.2 Wichtige Import- und Exportgüter der Bundesrepublik Deutschland nennen
1.3 Die Rohstoffabhängigkeit der deutschen Wirtschaft aufzeigen und begründen
1.4 Aus der Art der exportierten Güter auf die wirtschaftliche Struktur der BR Deutschland schließen
1.5 Die wichtigsten Handelspartner der BR Deutschland getrennt nach Import- und Exportländern nennen und diese der Wirtschaftsgemeinschaft der EG zuordnen
1.6 Die Rolle der Entwicklungsländer, der Länder des Ostblocks und der VR China im Außenhandel der BR Deutschland darlegen
1.7 Die Außenhandelsbilanz der BR Deutschland im Jahre 1979 anhand von aktuellen Zahlen aufzeigen und als Devisenbringer werten
1.8 Über die Folgen einer passiven Handelsbilanz diskutieren
1.9 Die Zentren des Welthandels nennen, auf der Weltkarte lokalisieren und deren Lage auf der Nordhalbkugel begründen
1.10 Die internationalen Handelsbeziehungen zwischen den Industrieländern, den Entwicklungsländern und den Ländern des Ostblocks mit VR China anhand einer Grafik beurteilen
1.11 Die RGW-Staaten nennen und an der Karte lokalisieren
1.12 Die völkerverbindende Kraft des Welthandels begründen
1.13 Die Stellung der BR Deutschland im Welthandel anhand von Zahlen aufzeigen

*Strukturbegriffe:* Import/Export, Devisen, Außen-/Binnenhandel, EG, RGW, Ostblock, aktive/passive Handelsbilanz, Handelsvolumen, Handelspartner, Welthandel, Welthandelsgüter, Energierohstoff, Verarbeitungsgüter, Industrie-/Entwicklungsländer

2 Vertrautheit mit den wichtigsten Transportmitteln und -wegen des Welthandels
2.1 Die Seeschiffahrt als bedeutendstes Transportsystem des Welthandels nennen und Gründe dafür aufzeigen
2.2 Die beschränkte Nutzung des Flugzeuges für den Gütertransport beurteilen
2.3 Güter nennen, die auf dem Luftweg transportiert werden

2.4 Die Bedeutung und die Vorteile von Rohrfernleitungen im internationalen Güteraustausch darstellen
2.5 Die wichtigsten Förder- und Verbraucherländer der Welthandelsgüter Erdöl, Weizen und Eisenerz anhand einer thematischen Karte lokalisieren
2.6 Die wichtigsten kontinentalen Verkehrsströme für die Welthandelsgüter Erdöl, Weizen und Eisenerz anhand der Weltkarte verbalisieren
2.7 Den Atlantik als die wichtigste Verkehrsader der Seeschiffahrt nennen
2.8 Den Verlauf der bedeutendsten kontinentalen Güterströme nennen und begründen
2.9 Den Suez-, Panama- und Nord-Ostsee-Kanal lokalisieren und in ihrer Bedeutung als Verkürzung wichtiger Seewege an je einem Beispiel aufzeigen
2.10 Die wichtigsten Seehäfen der Erde lokalisieren und sie einem der drei Ozeane zuordnen

*Strukturbegriffe:* Transportweg / Transportmittel, Weltverkehr, Güterstrom, Welthandel, Welthandelsgüter, Import/Export, Verkehrsstrom, interkontinentaler/kontinentaler Verkehr, See-/Luft-/Landweg, Rohrfernleitung (Pipeline), Seekanal, Stück-/Massengüter, See-/Binnenschiffahrt, Güteraustausch, Luftfracht

**Medien**

*1. Wandkarten*

Physische Weltkarte
Erdteilkarten
Wirtschaftskarte der Erde
Staatenkarte der Erde

*2. Atlanten*

Alexander Weltatlas-Gesamtausgabe, Klett 1976, S. 90/91, S. 101, S. 104, S. 110 I, S. 115 II, S. 134/135

Diercke Weltatlas, Westermann 1974, S. 172/173, S. 178/179, S. 182/183, S. 190–193
List Großer Weltatlas, List 1976, S. 18/19, S. 20 B/C, S. 22/23
Unsere Welt, Velhagen & Klasing / Schroedel 1978, S. 94/95, S. 104/105

*3. Lehrbücher*

Bagel, Neue Geographie 5/6 (1976), S. 16f.
Hirschgraben, Der Mensch gestaltet die Erde, Band 1 (1977), Kap. 7
Hirt/Schöningh, Blickpunkt Welt 2 (1980), S. 86f., S. 170f.
Hirt/Schroedel, Geographie thematisch 7/8 (1978), S. 121f.
Klett, Terra-Geographie 9/10 (1979), S. 195f.
Mundus, Die Erde unser Lebensraum, Band 3 (o.J.), S. 32f.
Oldenbourg / Prögel / Westermann, Erdkunde 8 (1978), S. 60f.
Westermann, Welt und Umwelt 5/6, Reg.-Ausg. RPL (1979), S. 84f., S. 86f., S. 102f., S. 104f.
Westermann, Welt und Umwelt 9/10, Reg.-Ausg. RPL (1980), S. 96f.
Westermann, Welt und Umwelt 7/8 (1974), S. 188f.

*4. Transparente*

Westermann: Weltverkehr
Westermann: Welthandel I und II

*5. Dias*

FWU 100235 Der Panama-Kanal
Jünger: Der Überseeschiffsverkehr

*6. Unterrichtsmaterialien*

Klett: Geographische Probleme weltwirtschaftlicher Verflechtungen

## Überblick über die Unterrichtseinheit
Zeitrichtwert: 4 Stunden

PHASE DER SENSIBILISIERUNG/MOTIVIERUNG

1. Präsentation von Importprodukten als Folge des Außenhandels der BR Deutschland
2. Aussprache über Bedeutung, Wert und Herkunft der importierten Güter für unser tägliches Leben mit Topographie der Herkunftsländer
3. Sondierung des Vorwissens: Exportgüter der BR Deutschland und ihre Bedeutung für die Wirtschaft unseres Landes

KOGNITIONSPHASE A = LZ 1

1. Auswertung zweier Tabellen anhand vorbereiteter Arbeitsaufgaben in Still-/Partner-/Gruppenarbeit und/oder als Hausaufgabe:
   - Export und Import der BR Deutschland nach ausgewählten Warengruppen in Mio. DM (1979)
   - Die wichtigsten Handelspartner der BR Deutschland (1979)
2. Analyse einer thematischen Karte: Welthandel (Atlas/Schülerbuch)
3. Auswertung einer Abbildung: Internationale Handelsbeziehungen

KOGNITIONSPHASE B = LZ 2

1. Aussprache über mögliche Transportwege/-mittel von Gütern mit Topographie
2. Auswertung einer thematischen Karte anhand vorbereiteter Arbeitsaufträge in Still-/Partner-/Gruppenarbeit und/oder als Hausaufgabe: Transportwege der wichtigsten Welthandelsgüter (Atlas)

## 7. Filme

FWU 32 1262 Hamburger Hafen
FWU 32 0526 Nord-Ostsee-Kanal
FWU 32 0699 Der Suezkanal

**Literatur**

Bender, H.-U.: Fundamente. Geographisches Grundbuch für die Sekundarstufe II. Stuttgart 1980

Boesch, H.: Weltwirtschaftsgeographie. Braunschweig 1977

Bundeszentrale für politische Bildung (Hrsg.): Informationen zur politischen Bildung. Heft 183

Grötzbach, E.: Der Welthandel in der Gegenwart. In: Fragenkreise. Paderborn 1976

auf der Heide, U.: Die Rohstoffwirtschaft der Bundesrepublik Deutschland im Rahmen der neuen Weltwirtschaftsordnung. In: Geographische Rundschau 2/1980. Braunschweig

Schneider, Fr.: Der Welthandel der Gegenwart. In: Geographische Zeitfragen. Heft 2. Frankfurt/M. 1967

Stabenau, H.: Seeverkehr und arbeitsteilige Weltwirtschaft im kommenden Jahrzehnt. In: Geographische Rundschau 5/1980. Braunschweig

## Anlagen

**1. Der Außenhandel der BR Deutschland nach Regionen in % (1978)**

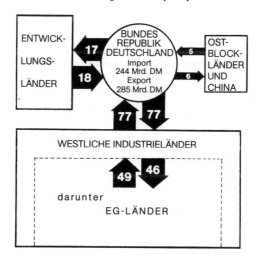

(Quelle: Bundeszentrale für politische Bildung: Informationen zur politischen Bildung 183, S. 11)

## 2. Außenhandel der BR Deutschland nach ausgewählten Warengruppen in Mio. DM (1979)

| Warengruppe | Einfuhr | Ausfuhr |
|---|---|---|
| Ernährungsgüter | 30 650 | 12 590 |
|   Gemüse/Obst, Südfrüchte | 9 682 | 915 |
|   Fleisch, -waren | 4 442 | 1 900 |
|   Kaffee, Tee, Kakao | 5 378 | 1 345 |
|   Molkereiprodukte, Eier | 2 768 | 3 659 |
|   Getreide, -produkte | 2 745 | 1 334 |
| Getränke, Tabak | 3 091 | 1 620 |
| Energierohstoffe | 56 729 | 10 613 |
|   Erdöl, -produkte | 48 729 | 3 928 |
|   Gas/Erdgas | 6 360 | 1 191 |
|   Kohle, Koks | 944 | 4 879 |
| übrige Rohstoffe | 24 621 | 8 069 |
|   mineralische | 8 355 | 2 604 |
|   pflanzliche/tierische | 16 266 | 5 465 |
| Chemische Erzeugnisse | 22 697 | 41 043 |
|   organische | 6 353 | 11 079 |
|   anorganische | 3 592 | 3 600 |
|   Kunststoffe | 5 897 | 10 476 |
|   medizinische/pharmazeutische | 2 089 | 3 628 |
| Maschinen, Fahrzeugbau, elektrotechnische Erzeugnisse | 56 372 | 141 087 |
|   Fahrzeuge | 15 367 | 46 754 |
|   Maschinen | 22 002 | 64 440 |
|   elektrische Maschinen | 9 669 | 18 505 |
| Sonstige Verarbeitungsgüter | 98 000 | 99 599 |
|   Eisen/Stahl | 11 964 | 20 129 |
|   Bekleidung | 13 374 | 4 737 |
|   NE-Metalle | 8 585 | 6 706 |
|   Metallwaren | 5 130 | 10 713 |
|   Garne/Gewebe | 11 884 | 11 122 |

(Quelle: Diercke Weltstatistik 80/81, S. 24)

## 3. Die wichtigsten Handelspartner der Bundesrepublik Deutschland (1979)

| Einfuhrländer | Mrd. DM | Ausfuhrländer | Mrd. DM |
|---|---|---|---|
| Niederlande | 35,8 | Frankreich | 40,0 |
| Frankreich | 33,2 | Niederlande | 31,3 |
| Italien | 25,8 | Belgien/Lux. | 26,8 |
| Belgien/Lux. | 23,4 | Italien | 24,5 |
| USA | 20,3 | Großbritannien | 21,0 |
| Großbritannien | 17,2 | USA | 20,8 |
| Schweiz | 10,6 | Österreich | 16,5 |
| Österreich | 8,4 | Schweiz | 16,4 |
| Japan | 7,9 | Schweden | 9,1 |
| Sowjetunion | 7,4 | Dänemark | 6,8 |
| Schweden | 6,2 | Sowjetunion | 6,6 |
| Libyen | 5,5 | Jugoslawien | 5,8 |
| Norwegen | 5,3 | Spanien | 4,5 |
| Dänemark | 4,6 | Saudi-Arabien | 4,4 |
| Nigeria | 4,4 | Japan | 4,2 |
| Saudi-Arabien | 4,3 | Griechenland | 3,8 |
| Iran | 4,2 | Norwegen | 3,3 |
| Spanien | 3,8 | Südafrika | 3,1 |
| Südafrika | 3,6 | VR China | 2,7 |
| Kanada | 3,1 | Finnland | 2,5 |
| Algerien | 3,1 | Polen | 2,5 |
| Hongkong | 2,7 | Brasilien | 2,4 |
| Brasilien | 2,5 | Iran | 2,3 |
| Finnland | 2,5 | Kanada | 2,3 |
| Griechenland | 2,4 | Algerien | 2,3 |
| Polen | 2,2 | Libyen | 2,2 |
| Jugoslawien | 2,2 | Ungarn | 2,1 |
| Ver. Arab. Emirate | 2,1 | Irak | 2,1 |

(Quelle: Diercke Weltstatistik 80/81, S. 24)

## 4. Internationale Handelsbeziehungen

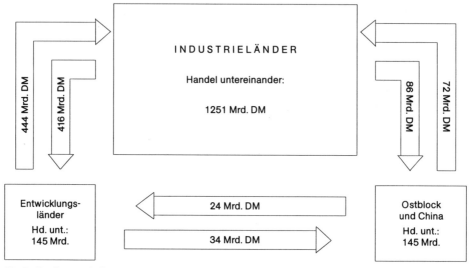

(Quelle: Bundeszentrale für politische Bildung: Informationen zur politischen Bildung 183, S. 8)

## 5. Die wichtigsten Seekanäle

| Seekanäle | Verkürzungen |
|---|---|
| Nord-Ostsee-Kanal (Kiel-Kanal) | Kopenhagen – Hamburg: rd. 700 km |
| Suez-Kanal | Persischer Golf – Westeuropa: rd. 9000 km |
| Panama-Kanal | San Franzisko – Hamburg: rd. 10 000 km |

## 4.4 Staaten schließen sich zu Wirtschaftsgemeinschaften zusammen

**Grobziel**

Einsicht in Ursachen und Folgen des Zusammenschlusses von Staaten zu Wirtschaftsgemeinschaften

**Didaktischer Abriß**

Die anstehende Thematik zeichnet sich durch ausgeprägte historische, politische und wirtschaftliche Gehalte aus. Es kann sicherlich nicht Intention des Faches Erdkunde sein, diese Inhalte aufzuspüren und sie dem Schüler zu vermitteln. Hier sind vor allem die Nachbardisziplinen Geschichte, Sozialkunde und Wirtschaftslehre aufgerufen.

Dem Erdkundeunterricht als einem Schulfach, dessen Fachwissenschaft sich als Wissenschaft des Raumes und des innerhalb von sozialen Verbänden darin agierenden Menschen versteht, geht es bei der anstehenden Unterrichtseinheit um eine Einsichtnahme in die *raumbezogenen, raumrelevanten* Ursachen und Folgen des Zusammenschlusses von Staaten zu Wirtschaftsbündnissen. Es soll andererseits auch dargelegt werden, wie Raumpotentiale, geopolitische und topographische Konstellationen die Beziehungen von Staaten untereinander fördern bzw. hemmen.

Sehr wohl lassen sich im Erdkundeunterricht fachfremde Aspekte nicht ganz ausklammern, dienen sie doch dem Verständnis von räumlichen Prozessen und Mensch-Raum-Interdependenzen.

Das fachdidaktische Rahmenkonzept (vgl. S. 13) sieht für den Abschluß der Sekundarstufe I eine intensivierte Betrachtung u. a. von Staatsräumen vor. Diese Forderung läßt sich bei der vorliegenden Unterrichtseinheit in besonderer Weise realisieren. Dabei soll der Schüler die gesellschaftliche und wirtschaftliche Struktur der Bundesrepublik Deutschland als Mitgliedsland der EG kennenlernen und diese vergleichend mit den Grundstrukturen des RGW betrachten. Die hierbei erzielten Qualifikationen sollen zu einem fachkundigeren Verständnis der weltweiten wirtschaftlichen Bündnissysteme und deren Probleme führen. Dieses Anliegen findet seine Unterstützung durch das spezielle Raumverständnis der Klassenstufe 9/10, in welcher der Raum vorwiegend als Prozeßfeld sozialer und politischer Gruppen betrachtet und analysiert wird (vgl. Basislehrplan „Geographie" für die Sekundarstufe I, S. 13). Nicht zuletzt bietet eine unterrichtliche Durchdringung des anstehenden Themenkomplexes – hier besonders der Teilthematik „EG" – eine ausgezeichnete Möglichkeit, den Europagedanken in den Schulen zu verbreiten und damit wirkungsvoll gegen tradiertes nationalistisches Denken anzugehen. In den nachfolgenden Stundenbildern sollen die beiden wichtigsten europäischen Wirtschaftsblöcke des Westens (=EG) und des Ostens (= RGW) unterrichtlich aufbereitet werden, während die wichtigsten Wirtschaftsgemeinschaften der übrigen Welt lediglich in topographischer Hinsicht erfaßt werden. Es ist nicht didaktisches Anliegen der Unterrichtseinheit, die beiden o. g. europäischen Wirtschaftsgemeinschaften im Hinblick auf die räumlichen Auswirkungen ihrer charakteristischen Wirtschaftssysteme (EG = kapitalistische Marktwirtschaft/RGW = sozialistische Planwirtschaft) zu untersuchen. Dieser Intention sucht der Themenblock „Wirtschaftsordnungen in ihrer Raumwirksamkeit" nachzukommen.

**Sachinformation**

Als Folge einer fortschreitenden Intensivierung der internationalen Arbeitsteilung und des rasch zunehmenden Welthandels entwickelte sich nach dem 2. Weltkrieg zwischen den einzelnen Volkswirtschaften ein verschärfter Konkurrenzkampf. Nur solche Staaten konnten in der Weltwirtschaft führende Positionen erlangen und behaupten, welche rationell und damit kostengünstig produzierten. Die nationalen Produktionszentren und Märkte waren diesbezüglich allmählich überfordert und drohten im weltweiten Wettbewerb zu unterliegen. Man suchte einen Ausweg über die wirtschaftliche Integration von Staaten und die Bildung von Wirtschaftsgemeinschaften. So schlossen sich nach 1945 weltweit Staaten zu mehr oder minder engen und langlebigen Wirtschaftsblöcken zusammen, die sich durch ihre geographische Lage und auch aufgrund gemeinsamer politischer und ideologischer Ziele verbunden fühlten, wie z. B. in Westeuropa zur Europäischen (Wirtschafts-)Gemeinschaft und in Osteuropa zum Rat für gegenseitige Wirtschaftshilfe unter Führung der Sowjetunion.

## 1. Die Europäische Gemeinschaft (EG)

### 1.1 Das Werden der EG

*1950* Der französische Außenminister Robert Schuman schlägt eine Europäische Gemeinschaft für Kohle und Stahl (EGKS-Montanunion) vor.
*1951* Unterzeichnung des Vertrages zur Gründung der EGKS in Paris.
*1957* Unterzeichnung der Verträge zur Gründung der EWG und der Europäischen Atomgemeinschaft (EAG) in Rom durch folgende Länder: BR Deutschland, Frankreich, Italien, Niederlande, Belgien, Luxemburg.
*1959* Zollsenkung um 10% innerhalb der EG
*1961* Gipfeltreffen der „Sechs" in Bonn mit dem Ziel, die politische Union zu verwirklichen
*1962* Gemeinsame Richtlinien für den Agrarmarkt der EG
*1963* Assoziationsvertrag mit 18 Staaten Afrikas in Jaunde
*1967* Großbritannien, Irland, Dänemark und Norwegen stellen Anträge auf Vollmitgliedschaft in der EG. Abweisung der Anträge.
*1968* Verwirklichung der Zollunion zwischen den „Sechs". Die Binnenzölle werden abgeschafft. Schaffung eines Gemeinsamen Arbeitsmarktes = Freizügigkeit der Arbeitnehmer.
*1969* Gipfelkonferenz in Den Haag. Die Einführung der Wirtschafts- und Währungsunion bis 1980, die Aufnahme von Verhandlungen mit allen beitrittswilligen Ländern sowie Grundsätze für politische Zusammenarbeit werden beschlossen.
*1973* Beitritt von Großbritannien, Irland und Dänemark nach Volksentscheiden im Jahre 1972. Norwegens Bevölkerung lehnt 1972 einen Beitritt ab.
*1975* Unterzeichnung des Abkommens zwischen der EG und 46 Entwicklungsländern aus Afrika, der Karibik und dem Pazifik, das am 1.4.1976 in Kraft treten soll.
*1978* Unterzeichnung des Handelsabkommens EG–VR China und Aufnahme der Beitrittsverhandlungen mit Portugal.
*1979* Erste Direktwahl zum Europäischen Parlament. 110 Millionen der 180 Millionen wahlberechtigten Bürger der Gemeinschaft nehmen an der Wahl teil.
*1981* Beitritt von Griechenland.
(Quelle: Richardson, I. / Reinholz, Fr., Die Europäische Gemeinschaft. Reihe „Schulfunk". Lübeck o.J. – teilweise geändert)

### 1.2 Ursachen zur Gründung der EG und Ziele der Gemeinschaft

Die auslösenden Momente zur Gründung der EG sind auf dem Hintergrund der beiden Weltkriege und des Ringens der europäischen Staaten um die Vormacht zu sehen. „Den Frieden zu wahren und Kriege zu verhindern" war eine Leitidee des erwachenden Europagedankens. Zum anderen wollte man neben der Sowjetunion und den USA aus Gründen des Ausgleichs und zur Errichtung eines Bollwerks gegen den Kommunismus eine dritte Macht in der Welt schaffen.
Am 19. September 1946 sagte der frühere Premierminister von Großbritannien Winston Churchill während einer Rede in Zürich: „Wir müssen die europäische Familie neu schaffen, durch eine regionale Struktur, die man die Vereinigten Staaten von Europa nennen könnte. Ein erster praktischer Schritt zu diesem Ziel könnte ein ‚Europarat' sein. Bei all dieser dringenden Arbeit müssen Frankreich und Deutschland gemeinsam die Führung übernehmen... Aus diesem Grunde rufe ich Ihnen zu: Möge Europa werden!"
(Quelle: Richardson, I. / Reinholz, Fr., Die Europäische Gemeinschaft. Reihe „Schulfunk". Lübeck o.J., S.4)
Die Ziele der EG sind in dem Vertrag von Rom (25.3.1957) festgelegt und beinhalte-

ten ursprünglich vorwiegend wirtschaftliche Formen der Kooperation, die einen ersten Schritt zur Verwirklichung der politischen Einigung darstellen sollten.

Walter Hallstein (1. Präsident der EG-Kommission): „Geteilte Wirtschaftsräume und geteilte Märkte sind gleichbedeutend mit geringer Leistung... Der Gedanke eines einzigen großen Binnenmarktes ist deshalb der Wesenskern der Bewegung für eine wirtschaftliche Integration."

Weitere Ziele der EG nennt der Artikel 3 des Vertragswerkes:

„Die Tätigkeit der Gemeinschaft umfaßt nach Maßgabe dieses Vertrages und der darin vorgesehenen Zeitfolge
a) die Abschaffung der Zölle und mengenmäßigen Beschränkung bei der Einfuhr und Ausfuhr von Waren,
b) die Einführung eines gemeinsamen Zolltarifs und einer gemeinsamen Handelspolitik gegenüber dritten Ländern..."
(Quelle: Klett, Geographie 9/10 – 1974, S. 197)

Oberstes Ziel der EG war die Schaffung eines gemeinsamen Marktes, der auf vier Pfeilern ruht: Freier Waren-, Personen-, Dienstleistungs- und Kapitalverkehr mit Währungsunion. Diese Ziele sind bis heute nur phasenweise erreicht. So gibt es z. B. noch immer Grenzkontrollen, Beschränkungen im Personen- und Dienstleistungsverkehr sowie verschiedene nationale Währungen. Trotz EG ist Europa noch geteilt.

*1.3 Das Hauptproblem der EG:*
*Der gemeinsame Agrarmarkt*

Besondere Probleme ergaben und ergeben sich noch immer im Zuge der Verwirklichung einer gemeinsamen Agrarpolitik, die in erster Linie durch teilweise erhebliche Preisdivergenzen von Agrarprodukten in den einzelnen Mitgliedsländern hervorgerufen werden.

Dazu drei ausgewählte Beispiele, wobei zwar die Preisangaben keinen Anspruch auf Aktualität erheben und die Preisvergleiche die unterschiedlichen Einkommensverhältnisse nicht berücksichtigen, welche aber dennoch die Situation beleuchten (s. Abb. 1, S. 94).

Die unterschiedlichen Preise für Agrarprodukte führten innerhalb der EG und bei den Produzenten zu folgenden Reaktionen:

Hohe Preisunterschiede für die gleichen Waren in den verschiedenen EG-Ländern:

Die Überproduktion bei bestimmten Erzeugnissen führte zu Überschußbergen, wie z. B. einem „Butterberg", „Weizenberg", „Fleischberg" oder „Milchpulverberg". Sie dienen der Vorratshaltung für Notzeiten bzw. sie werden durch verbilligte Verkäufe außerhalb der EG (Ostblock- und Entwicklungsländer) teilweise abgetragen.

Um dem Problem der unterschiedlichen Agrarpreise Herr zu werden, wird jährlich eine neue Marktordnung entwickelt, wobei für die wichtigsten landwirtschaftlichen Erzeugnisse verschiedene Preisarten unterschieden und einheitlich festgelegt werden:

– Orientierungspreise (Richtpreise): Sie sollen nach Möglichkeit von den Landwirten in den EG-Staaten für ihre Produkte erzielt werden.

– Interventionspreise: Sie sind garantierte Mindestpreise, zu denen sich die Gemein-

schaft verpflichtet, die innerhalb der EG produzierten Waren aufzukaufen, sofern sie nicht abgesetzt werden können. Notfalls nimmt die EG derartige Waren sogar aus dem Markt, d.h. sie werden u.U. vernichtet.
- Schwellenpreise: Liegt der Weltmarktpreis einer Ware niedriger als der EG-Preis, wird der Preis angehoben, bevor die Ware auf den EG-Binnenmarkt gelangt. Dadurch erzielt die Gemeinschaft Einnahmen (= Abschöpfung).

Liegen für bestimmte Erzeugnisse die EG-Preise über den Weltmarktpreisen, so leistet die Gemeinschaft Preisstützungsaktionen ein in Form von Auszahlungen der Differenzbeträge an die Produzenten, um im Welthandel konkurrenzfähig zu bleiben.

Im Jahre 1969 legte die EG-Kommission den Mansholt-Plan vor, der Richtlinien zur Reform der Landwirtschaft in den Mitgliedsländern macht. Seine wichtigsten Umstrukturierungsbestimmungen:
- Verstärkte Rationalisierung und Technisierung in der landwirtschaftlichen Produktion mit Reduzierung der in der Landwirtschaft Beschäftigten
- Vergrößerung der Betriebe
- Verzicht auf ca. 5 Millionen ha qualitativ niedrigen Landes

*1.4 Regionale Disparitäten innerhalb der EG und Versuche zu deren Überwindung*

Die Stärkung der Wirtschaftskraft und die Hebung des Lebensstandards der Bevölkerung in den unterentwickelten Staaten und Regionen der EG ist eines der wichtigsten aber auch am schwierigsten zu erreichenden Ziele der Gemeinschaft. Dafür verantwortlich sind erhebliche regionale Disparitäten naturräumlich-geographischer, kultureller, historischer, wirtschaftlicher und sozialer Art.

Klaus R. Kunzmann (vgl. „Geographie und Schule", Köln, 5/1980) nennt drei Grundindikatoren, mit denen bestehende räumliche Unterschiede innerhalb der EG quantitativ und qualitativ erfaßt werden können:
- Demographische und siedlungsstrukturelle Disparitäten: Der Konzentrationsgrad der Bevölkerung weist auf Gunst- oder Ungunsträume hin.
- Wirtschaftliche Disparitäten: Indikator für die Wirtschaftskraft einer Region ist das Bruttosozialprodukt oder auch deren Infrastruktur.
- Soziale Disparitäten: Hier werden Unterschiede in den Daseinsgrundfunktionen des Menschen registriert, wie z.B. im Bereich des Wohnens, auf dem Bildungssektor, im Gesundheitswesen, im Freizeit- und Erholungsbereich u.a.m.

Legt man die o.g. Indikatoren als Gradmesser des Reichtums bzw. der Armut einer Region zugrunde, so lassen sich innerhalb der EG folgende entwicklungsbedürftige Gebiete lokalisieren, die sämtlich peripheren Charakter haben:
- Mittel- und Süditalien (Mezzo giorno) mit Sardinien und Sizilien
- Irland
- Der Westen und Norden Großbritanniens (Wales und Schottland)
- Der Westen Frankreichs und Korsika
- Die Grenzräume zwischen der BR Deutschland und Belgien, Frankreich, der Niederlande, Luxemburg und Dänemark
- Der deutsch-deutsche Grenzraum
- Teile von Jütland

Strukturstarke, industrialisierte Regionen lassen sich in Zentral- und Nordwesteuropa lokalisieren.

In der Schrift des Europarates aus dem Jahre 1968 mit dem Titel „Raumordnung – Ein europäisches Problem" wird erstmals auf die Notwendigkeit einer gezielten Raumordnung und Regionalplanung in Europa – hier besonders in West- und Südeuropa – hingewiesen.

Seit 1975 verfügt die EG über den „Europäischen Fonds für regionale Entwicklung", kurz „Regionalfonds" genannt.
Dieser Fonds beinhaltete für den Zeitraum von 1975–77 Mittel in Höhe von DM 4,758 Milliarden, für den Zeitraum von 1977–80 sind DM 4,701 Milliarden bewilligt worden. Die größten Einzahlungen in den Regionalfonds leistet derzeit die BR Deutschland, während sie von allen EG-Ländern nur den geringsten Teil daraus wieder erhält.

## 2. Der Rat für gegenseitige Wirtschaftshilfe (RGW)

Der auf Anregung der Sowjetunion im Jahre 1949 geschaffene „Rat für gegenseitige Wirtschaftshilfe" soll der Organisation und dem Ausbau der internationalen sozialistischen Arbeitsteilung dienen. Ein Beispiel für die internationale sozialistische Arbeitsteilung ist das LKW-Werk Kamas östlich von Kasan in der UdSSR, das nach der Fertigstellung die größte LKW-Fabrik der Welt sein wird (s. Abb. 2, S. 95).
Mitglieder in dem RGW sind die UdSSR, DDR, Polen, CSSR, Ungarn, Rumänien, Bulgarien, die Mongolische VR, Kuba und Vietnam. Der englische Name für diesen Zusammenschluß heißt: „Council for Mutual Economic Aid" (COMECON). Die wirtschaftspolitische Führung in dieser Gemeinschaft hat die UdSSR. Investitionen und Produktion richten sich nach den Wirtschaftsplänen, vor allem der UdSSR. Alle Preise werden nicht wie in der EG durch Angebot und Nachfrage bestimmt, sondern amtlich festgesetzt. Auch gibt es im RGW im Gegensatz zur EG keine Zollunion und auch keinen gemeinsamen Markt.
Im Artikel 1 des RGW-Vertrages werden die wichtigsten Zielsetzungen aufgeführt: „Durch Vereinigung und Koordinierung der Anstrengungen der Mitgliedsländer soll die planmäßige Entwicklung der Volkswirtschaft, die Beschleunigung des ökonomischen und technischen Fortschritts, die Hebung des Industrialisierungsniveaus, die ständige Steigerung der Arbeitsproduktivität und die kontinuierliche Hebung des Wohlstandes der Völker der RGW-Länder unterstützt werden."
Eine Auswahl von Statistiken zeigt entscheidende Tatsachen auf (s. Abb. 2, 4, 5, S. 94/95).
Die auf Verständigung und friedliche Koexistenz gerichtete Ostpolitik der Staaten Mittel- und Westeuropas und die Bemühungen der Ostblockstaaten um verstärkte Industrialisierung ihrer Länder haben zu einer Wandlung der bisher ablehnenden Haltung der Ostblockstaaten gegenüber der EG geführt. Nachdem die EG-Länder erklärt hatten, von Januar 1973 an gegenüber den RGW-Ländern eine gemeinsame Handelspolitik zu betreiben, ist die UdSSR bereit, die EG als eine realistisch gegebene Tatsache anzuerkennen und bemüht, die Verbindungen und Handelsbeziehungen mit den Staaten der EG aufzunehmen.
(Zusammengestellt anhand folgender Quellen:
Bayerischer Schulbuchverlag, Neue Geographie 2 – 1979, S. 72
Mundus, Die Erde unser Lebensraum 3 – 1974, S. 91/92
Wolf, Wirtschaftsgeographie 9, Arbeitsblätter – 1977, Blatt 0993.67)

**Differenzierung des Grobziels:**
**Stundenziele/Feinziele und Zuordnung**
**von Strukturbegriffen**

| | |
|---|---|
| 1 | Einsicht in Ursachen der EG-Gründung, Kenntnis der Mitgliedländer der Gemeinschaft und Einsicht in deren wichtigste Ziele |
| 1.1 | Über Formalitäten bei Grenzübertritten berichten und deren Notwendigkeit begründen |
| 1.2 | Die Staaten Europas mit ihren Hauptstädten auf der Karte lokalisieren und sie verschiedenen Regionen zuordnen |

1.3 Über Bestrebungen zum Abbau der Grenzen in (West-)Europa berichten und Notwendigkeiten dazu diskutieren
1.4 Die EG-Staaten anhand einer thematischen Karte lokalisieren
1.5 Die tieferen Ursachen der EG-Gründung mit Hilfe eines Zitates von W. Churchill aufzeigen und den Inhalt des Zitates erörtern
1.6 Die wichtigsten Ziele der EG anhand eines Zitates von W. Hallstein und des Artikels 3 des EG-Vertragswerks nennen
1.7 Die Vorteile eines gemeinsamen Marktes auflisten und begründen
1.8 Die noch bestehenden Diskrepanzen zwischen den gesteckten und tatsächlich erreichten Ziele der EG aufzeigen
1.9 Die Namensänderung der EWG in EG erklären
1.10 Vorteile der freien Wahl des Arbeitsplatzes und Wohnortes für die Bewohner der EG-Länder darstellen
1.11 Über Organe der EG und deren Aufgaben berichten
1.12 Mit der EG assoziierte Entwicklungsländer auf der Karte lokalisieren

*Strukturbegriffe:* Personen-/Warenverkehr, Import-/Exportzölle, Staatsgrenze, Grenzübertritt, EWG/EG, Wirtschaftsraum, Binnenmarkt, gemeinsamer Markt, wirtschaftliche Integration, Wirtschaftsgemeinschaft/Wirtschaftsblock, Blockbildung, Zollunion, Freihandelszone, Handelspolitik, Europaparlament, Europäischer Gerichtshof, Europäische Kommission, Ministerrat, assoziierte Länder

2 Einsicht in Probleme des EG-Agrarmarktes hinsichtlich Ursachen und Folgen
2.1 Die Probleme eines gemeinsamen EG--Agrarmarktes anhand der Preisunterschiede in den Mitgliedsländern aufzeigen und diskutieren
2.2 Vorschläge zur Lösung der Probleme des EG-Agrarmarktes ausarbeiten und erörtern
2.3 Die Folgen der EG-Agrarpolitik für die Landwirte und die Verbraucher in den Mitgleidsländern aufzeigen
2.4 Über Vor-/Nachteile der Anlage von Überschußbergen und Möglichkeiten zu deren Abbau diskutieren

*Strukturbegriffe:* Agrarmarkt, Hochpreis-/Niedrigpreisländer, Preispolitik, Preisangleichung, Überproduktion, Butter- / Weizen- / Fleischberg

3 Kenntnis der Lage von strukturschwachen Regionen innerhalb der EG, von Ursachen der Strukturschwäche und Hilfsmaßnahmen der Gemeinschaft
3.1 Ein Zitat aus der Präambel des EG-Gründungsvertrags bezüglich der Entwicklung strukturschwacher Regionen innerhalb der Gemeinschaft interpretieren
3.2 Die regionalen Disparitäten innerhalb der EG als ein zentrales Problem der Gemeinschaft charakterisieren
3.3 Strukturschwache Länder/Regionen innerhalb der EG anhand von Karten-/Zahlenmaterial erfassen
3.4 Merkmale der regionalen Strukturschwäche angeben
3.5 Den Regionalfonds als Hilfsmaßnahme der EG für strukturschwache Regionen charakterisieren
3.6 Unterentwickelte Regionen in der BR Deutschland anhand einer thematischen Karte lokalisieren

*Strukturbegriffe:* Strukturschwache Regionen, Strukturschwäche, Bruttosozialprodukt, Abwanderungsquote, Binnenwanderung, Gastarbeiter, Infrastruktur, Regionalpolitik/Regionalplanung, Regionalfonds

4   Kenntnis der Mitgliedsländer des RGW sowie Einsicht in die wichtigsten Ziele und Strukturmerkmale dieser kommunistischen Wirtschaftsgemeinschaft
4.1 Die Mitgliedsländer des RGW anhand einer thematischen Karte lokalisieren
4.2 Das Gründungsjahr und den Gründungsort des RGW nennen
4.3 Die wichtigsten Ziele des RGW anhand eines Zitates aus dem Vertragswerk nennen
4.4 Die Stellung der UdSSR innerhalb des RGW erläutern
4.5 Das Wesen der internationalen sozialistischen Arbeitsteilung am Beispiel des LKW-Werkes Kamas beschreiben
4.6 Die Vor-/Nachteile der freien Marktwirtschaft in der EG gegenüber der Zentralverwaltungswirtschaft im RGW aufzeigen
4.7 Die gravierenden Unterschiede zwischen dem Anteil an der Welt-Industrieproduktion und dem Anteil am Welt-Außenhandel des RGW erklären und mit den Verhältnissen in der EG vergleichen
4.8 Wesentliche Unterscheidungskriterien zwischen EG und RGW tabellarisch erfassen

*Strukturbegriffe:* RGW (COMECON), kommunistische Länder, internationale sozialistische Arbeitsteilung, Planwirtschaft (Zentralverwaltungswirtschaft), Marktwirtschaft, Binnenhandel, wirtschaftliche Autarkie, Wirtschaftssystem, Ostblockstaaten

5   Kenntnis der wichtigsten Wirtschaftsblöcke der Welt
5.1 Wirtschaftsblöcke der Welt nennen
5.2 Mitgliedsländer der wichtigsten Wirtschaftsgemeinschaften der Welt anhand einer thematischen Karte erfassen und sie den Kontinenten zuordnen
5.3 Über eine ausgewählte Wirtschaftsgemeinschaft Informationsmaterialien zusammentragen und darüber in einem Referat berichten

*Strukturbegriffe:* EFTA, CEAO, UDEAC, ASEAN, MCCA, OAS, PA, OECD, OPEC

**Medien**

*1. Wandkarten*

Physische Weltkarte
Staatenkarte der Erde
Europakarte
Staatenkarte Europas

*2. Atlanten*

Alexander Weltatlas-Gesamtausgabe, Klett 1976, S. 115, S. 117 II, S. 122 III, S. 123 I, S. 139
Diercke Weltatlas, Westermann 1974, S. 42/43, S. 68/69, S. 85 IV, S. 89 V/VI, S. 92, S. 93 V, S. 94, S. 96, S. 190/191
List Großer Weltatlas, List 1976, S. 22/23, S. 37 A, S. 38/39, S. 41 A
Unsere Welt, Velhagen & Klasing / Schroedel 1978, S. 9, S. 33, S. 37, S. 38/39, S. 85, S. 90/91

*3. Lehrbücher*

Bagel, Neue Geographie 7/8 (1974), S. 79 f.
Bayerischer Schulbuchverlag, Neue Geographie 2 (1979), S. 65, S. 68 f.
Hirschgraben, Der Mensch gestaltet die Erde, Band 3 (o. J.), Kap. 2.5
Klett, Geographie 9/10 (1974), S. 194 f.
Klett, Geographie-Terra 9/10, Reg.-Ausg. RPL (1979), S. 183 f.
List, Geographie 9/10 (1979), S. 120 f.
Mundus, Die Erde unser Lebensraum 3 (o. J.), S. 81 f.
Oldenbourg / Prögel / Westermann, Erdkunde 9 (1980), S. 93 f.
Velhagen & Klasing / Schroedel, Dreimal um die Erde 3 (1977), S. 98 f.

Westermann, Welt und Umwelt 9/10 (1975), S. 330f.
Westermann, Welt und Umwelt 9/10, Reg.-Ausg. RPL (1980), S. 86f.
Wolf, Wirtschaftsgeographie 9 (1977), S. 26f.
Wolf, Wirtschaftsgeographie 9 – Arbeitsblätter (1977), Blatt 0993.67

**Überblick über die Unterrichtseinheit**
Zeitrichtwert: 8 Stunden

*4. Transparente*
Perthes: Europa im Bündnis
Perthes: Blockbildung 1945–1970
Westermann: Politische und wirtschaftliche Zusammenschlüsse

*5. Kostenlose Unterrichtsmaterialien können bezogen werden*
Kommission der Europäischen Gemeinschaften, Presse- und Informationsbüro, Zitelmannstraße 22, 5300 Bonn 1

ERÖFFNUNGSPHASE

Bezug auf Anliegen und Bedeutung des „Europatages" (5. Mai)
oder
Europafahne in ihrer Symbolik
oder
1. Erfahrungsaustausch der Schüler über Beobachtungen bei Grenzübertritten
2. Europas Staatenmosaik (Topographie)
3. Sondierung des Vorwissens der Schüler: Bestrebungen zum Abbau der Grenzen in Europa am Beispiel der EG

PROBLEMATISIERUNG
des Sachverhaltes hinsichtlich Ursachen, Notwendigkeiten, Schwierigkeiten. Vor- und Nachteilen der Gründung von Staatengemeinschaften

| KOGN.-PHASE A = LZ 1 | KOGN.-PHASE B = LZ 2 | KOGN.-PHASE C = LZ 3 |
|---|---|---|
| 1. Auswertung der thematischen Karte „EG-Staaten" mit Zusatzinformationen über die EG-Gründung | 1. Erfassen der Problematik einer gemeinsamen Agrarpolitik anhand differierender Weizenpreise | 1. Sensibilisierungsimpuls (TA): Aus der Präambel des EG-Vertragswerkes |
| 2. Interpretation eines Zitates von W. Churchill: Ursachen zur Gründung der europäischen Staatengemeinschaft | 2. Diskussion von Lösungsvorschlägen | 2. Artikulation einer besonderen Problematik der EG: Regionale Disparitäten belasten das Bündnis |
| 3. Interpretation eines Zitates von W. Hallstein und des Artikels 3 des EG-Vertragswerkes: Ziele der EG | 3. Folgen der Agrarpreisangleichung für die Landwirte in den EG-Ländern: Überschußberge | 3. Auswertung von vorgegebenen Materialien zu den regionalen Disparitäten in der EG: Strukturschwache Länder/Regionen, deren Merkmale und Lage sowie Hilfsmaßnahmen in Form des Regionalfonds |

**KOGNITIONSPHASE D = LZ 4**

1. Hinweis auf den osteuropäischen Rat für gegenseitige Wirtschaftshilfe (RGW/COMECON)
2. Sondierung des Vorwissens der Schüler
3. Auswertung der thematischen Karte „RGW-Länder" mit Zusatzinformationen über die RGW-Gründung
4. Auswertung von vorgegebenen Materialien: Ziele und Strukturmerkmale des RGW/Vergleich EG – RGW

**KOGNITIONSPHASE E = LZ 5**

1. Hinweis auf außereuropäische Wirtschaftsblöcke
2. Sondierung des Vorwissens der Schüler
3. Auswertung der thematischen Karte „Wirtschaftliche Zusammenschlüsse in der Welt" mit kontinentaler Zuordnung der wichtigsten Wirtschaftsgemeinschaften

**Literatur**

Bundeszentrale für politische Bildung (Hrsg.): Informationen zur politischen Bildung – COMECON: Der Rat für gegenseitige Wirtschaftshilfe (RGW). Heft 170. Bonn 1977

Diercke Weltstatistik 80/81. Braunschweig 1980

Hammerschmidt, A. / Stiens, G.: Regionale Disparitäten in Europa. In: Geographische Rundschau 5/1976. Braunschweig

Köck, H. (Hrsg.): Der Europa-Gedanke. In: Geographie und Schule 5/1980. Köln

Krämer, H. R.: Die Europäische Gemeinschaft. Stuttgart u. a. 1974

Nebe, J. M.: Regionale und soziale Unterschiede der „Lebensqualität" im Bundesgebiet. In: Geographische Rundschau 5/1976. Braunschweig

Peitz, Fr. J. / Wroz, W.: EG und RGW (Comecon) – zwei europäische Wirtschaftsblöcke. Eine Unterrichtseinheit für Abschlußklassen der Sekundarstufe I. In: Geographie im Unterricht 7 und 8/1978. Köln

Richardson, I. / Reinholz, Fr.: Die Europäische Gemeinschaft. Reihe „Schulfunk". Lübeck o. J.

Ries, A.: Das ABC der Europäischen Agrarpolitik. Baden-Baden 1979

Rolle, Th.: Europäische Zusammenschlüsse. In: Fragenkreise. Paderborn – München 1974

Thiel, E.: Die Europäische Gemeinschaft. Zwischen Krise und Bewährung. München 1977

*Anschriften von Europäischen Organisationen:*

*Informationsbüro des Europäischen Parlaments, Friedrich-Wilhelm-Straße 10, 5300 Bonn*

*Europäisches Parlament, Generaldirektion Information und Öffentlichkeitsarbeit, Europazentrum, Postfach 1601, Luxemburg*

*Generalsekretariat des Rates der Europäischen Gemeinschaften, Rue de la Loi 170, 1049 Brüssel*

*Presse- und Informationsamt der Bundesregierung, Welckerstraße 11, 5300 Bonn*

# Anlagen

## 1. Preisvergleiche in den EG-Ländern

|      | 1 kg Roastbeef | 1 kg gekochter Schinken | 500 g Reis  |
| ---- | -------------- | ----------------------- | ----------- |
| D    | rd. DM 25.–    | rd. DM 21.–             | rd. DM 2.40 |
| NL   | rd. DM 17.–    |                         |             |
| DK   | rd. DM 30.–    | rd. DM 31.–             | rd. DM 2.60 |
| B    |                | rd. DM 15.–             |             |
| F    |                |                         | rd. DM 1.30 |
| I    |                |                         | rd. DM 1.50 |
| Diff.| rd. DM 13.–    | rd. DM 16.–             | rd. DM 1.30 |

(Quelle: Richardson, I./Reinholz, Fr., Die Europäische Gemeinschaft. Reihe „Schulfunk". Lübeck o. J. – Preisangaben leicht geändert)

## 2. Außenhandelsbeziehungen der EG mit Nichtmitgliedsländern in Mio. US-Dollar (1970)

|                              | Einfuhr | Ausfuhr |
| ---------------------------- | ------- | ------- |
| Kapitalistische Industrieländer | 27 892  | 33 469  |
| Sozialistische Länder        | 3 495   | 3 771   |

## 3. Internationale sozialistische Arbeitsteilung

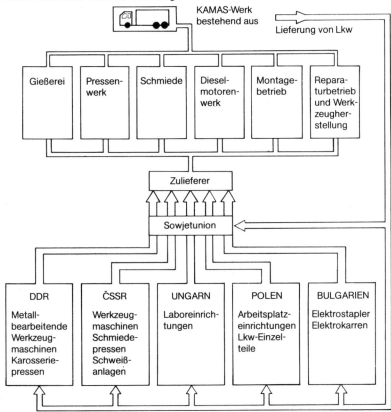

## 4. Industrieproduktion und Außenhandel von EG und RGW im Weltvergleich (1974)

|  | EG | RGW |
|---|---|---|
| Anteil an der Welt-Industrieproduktion | 25% | 34% |
| Anteil am Welt-Außenhandel | 30% | 12% |

## 5. Der Außenhandel der RGW-Länder in Mio. Rubel (1969)

| | |
|---|---|
| Westliche Industrieländer | 11 266 |
| Sozialistische Länder | 32 953 |

## 6. Weltweite wirtschaftliche Zusammenschlüsse (Auswahl) mit Stand 1980
### EUROPA

| Organisation | Mitglieder | Entstehung | Ziele |
|---|---|---|---|
| BENELUX | Belgien, Niederlande, Luxemburg | Wirtschafts- und Zollunion von Belgien und Luxemburg (1921) Beitritt der Niederlande (1958) | Vollständige wirtschaftliche Integration der drei Mitgliedsländer u.a. mit Aufhebung von Grenzkontrollen |
| EFTA (European Free Trade Association) | Norwegen, Österreich, Portugal, Schweden, Schweiz, Island Finnland (Sonderstatus) | 1960 gegründet | Schaffung einer Freihandelszone für Industrieprodukte. Sonderbestimmungen gelten für landwirtschaftliche Produkte und Fischereierzeugnisse |
| EG | Belgien, Niederlande, Luxemburg, BR Deutschland, Frankreich, Italien, Dänemark, Großbritannien, Irland, Griechenland | Pariser Vertrag über Europäische Gemeinschaft für Kohle und Stahl (1951) Römische Verträge über EWG (1957) | Vorbereitung der politischen Einheit Europas. Zoll-/Wirtschafts- und Währungsunion, d.h. freier Warenaustausch, freie Wahl des Arbeitsplatzes, freier Zahlungsverkehr |
| Nordischer Rat | Dänemark, Island, Schweden, Finnland, Norwegen | 1951 gegründet | u.a. Ausbau der wirtschaftlichen Beziehungen |
| RGW (Rat für gegenseitige Wirtschaftshilfe) früher: COMECON (Communist Economy) | Bulgarien, Polen, Rumänien, Ungarn, CSSR, UdSSR, DDR, VR Mongolei, Kuba, Vietnam Jugoslawien (Sonderstatus) | 1949 als politisches und wirtschaftliches Gegengewicht zum Marshall-Plan/OEEC und als Zwangsmaßnahme zur politischen Integration der Satellitenstaaten in den sowjetischen Machtbereich auf Anregung der UdSSR gegründet | Ankurbelung der Wirtschaft. Feste politische Integration der Satellitenstaaten in den sowjetischen Machtbereich. Enge wirtschaftliche und technische Zusammenarbeit zwecks Schaffung eines „sozialistischen Weltmarktes" mit eigenem Preissystem |

## AFRIKA

| Organisation | Mitglieder | Entstehung | Ziele |
|---|---|---|---|
| CEAO (Communauté Economique de l'Afrique de l'Ouest) | Elfenbeinküste, Mali, Mauretanien, Niger, Senegal, Obervolta | 1973 gegründet | Wirtschaftliche Zusammenarbeit und gegenseitige Abstimmung im Außenhandel. Gemeinsame Durchführung von Entwicklungsprojekten |
| UDEAC (Union Douanière et Economique de l'Afrique Centrale) | Gabun, Kamerun, Kongo, Tschad, Zentralafrikanische Republik | 1964 gegründet | Zollunion. Zusammenarbeit bei Entwicklungsprojekten |

## ASIEN

| Organisation | Mitglieder | Entstehung | Ziele |
|---|---|---|---|
| ASEAN (Association of South-East Asian Nations) | Indonesien, Malaysia, Philippinen, Singapur, Thailand | 1967 gegründet als Gegenmaßnahme zu dem starken Vordringen des Kommunismus in Südostasien | wirtschaftliche Zusammenarbeit |

## AMERIKA

| Organisation | Mitglieder | Entstehung | Ziele |
|---|---|---|---|
| MCCA (Mercado Comune Centroamericano) | Guatemala, Honduras, El Salvador, Nicaragua, Costa Rica | 1960 gegründet | Schaffung einer Freihandelszone. Einheitliche Außenzölle |

| Organisation | Mitglieder | Entstehung | Ziele |
|---|---|---|---|
| OAS (Organization of American States) | alle unabhängigen amerikanischen Staaten (außer Bahamas und Kuba) | 1948 gegründet | u.a. Zollabbau und wirtschaftliche Zusammenarbeit auch zum Zwecke der Abwehr des Kommunismus |
| PA (Pacto Andino) | Bolivien, Ecuador, Kolumbien, Peru, Venezuela | 1968 gegründet | Zollabbau und gemeinsame Wirtschaftspolitik |

**WELTWEIT**

| Organisation | Mitglieder | Entstehung | Ziele |
|---|---|---|---|
| LAS (League of Arab States) | alle arabischen Staaten einschl. PLO Ägypten wurde 1979 ausgeschlossen | 1945 durch sieben arabische Staaten gegründet | Schaffung eines arabischen Einheitsstaates Wirtschaftliche Zusammenarbeit |
| OECD (Organization for Economic Cooperation and Development) | alle nichtkommunistischen Staaten Europas, USA, Kanada, Australien, Neuseeland, Japan, Jugoslawien (Sonderstatus) | Basiert auf dem Marshall-Plan zum europäischen Wiederaufbau nach dem 2. Weltkrieg (1948: OEEC) Nach dem wirtschaftlichen Aufschwung in Europa weltweite Ausdehnung (1961: OECD) | Wirtschaftliche Zusammenarbeit und Förderung des Welthandels |
| OPEC (Organization of the Petroleum Exporting Countries) | Iran, Irak, Kuweit, Saudi-Arabien, Venezuela, Algerien, Ecuador, Gabun, Indonesien, Libyen, Nigeria, Katar, Vereinigte Arabische Emirate | Auf Vorschlag von Venezuela 1960 gegründet | Abstimmung der Ölpolitik und der Ölpreise zwischen den Mitgliedsländern |

(Quelle: Diercke Weltstatistik 80/81, Braunschweig 1980)

**Rolf Koch / Hilmar Geibert**

## Stundenblätter Geographie 5./6. Schuljahr

Klettbuch 92285, 100 Seiten + 44 Stundenübersichten, kart.

Dieser Band enthält komplette Unterrichtsmodelle, die sich aus konkreten Fallbeispielen zusammensetzen, zu den Themenkomplexen: sich orientieren, sich versorgen (Nutzung des Naturpotentials, Rohstoff- und Energiequellen, Verkehr), reisen und sich erholen. Die Aufbereitung der Einzelstunden mit Stundenverlauf, gezielten Impulsen, Hausaufgabenstellung, Medieneinsatz und Tafelbild erfolgt in den eigentlichen Stundenblättern, die in Loseblattform dem Band beiliegen.


**Rolf Koch / Hilmar Geibert**

## Stundenblätter Geographie 7./8. Schuljahr

Klettbuch 927611, 92 Seiten + 51 Stundenübersichten, kart.

Im Mittelpunkt des unterrichtlichen Geschehens stehen hier – entsprechend den Empfehlungen des Schulgeographenverbandes – raumprägende und raumverändernde Faktoren. Der Raum wird nunmehr in vorwiegendem Maße als komplexeres Verflechtungs- und Strukturgefüge gesehen.

Folgende Lernzielbereiche strukturieren die einzelnen Unterrichtsmodelle:
– Folgen der Planetennatur der Erde
– Auseinandersetzung des Menschen mit Naturbedingungen
– Gestaltung von Räumen durch den wirtschaftenden Menschen
– Probleme des Zusammenlebens und der Zukunftsicherung

Auch hier werden komplette Unterrichtsmodelle geboten, mit Sachinformationen, didaktischem Abriß und einem Überblick über die gesamte Einheit. Als Abrundung werden Anregungen für Transfermöglichkeiten und Hinweise auf passende Medien gegeben.

## Klett – Länderprofile
## Geographische Strukturen, Daten, Entwicklungen

Eine Reihe moderner geographischer Länderkunden, die viele Länder in ihren Entwicklungsprozessen, mit ihren Raumstrukturen und ihrer individuellen Problematik vorstellt.

Zahlreiche Karten, Übersichten und Tabellen in den einzelnen Bänden erleichtern den Überblick. Aufbau und Darstellung der Bücher ist sehr verständlich, auch geographisch interessierte „Nichtfachleute" haben an der Lektüre Spaß.

Bisher sind schon erschienen:

**Gerhard Fuchs: Die Bundesrepublik Deutschland**
252 Seiten, kart.                     Klettbuch 92219

**Karl Eckart: DDR**
212 Seiten, kart.                     Klettbuch 928811

**Ewald Gläßer: Dänemark**
180 Seiten, kart.                     Klettbuch 928781

**Alfred Pletsch: Frankreich**
254 Seiten, kart.                     Klettbuch 928731

**Bodo Freund: Portugal**
149 Seiten, kart.                     Klettbuch 928761

**Herbert Büschenfeld: Jugoslawien**
264 Seiten, kart.                     Klettbuch 928821

**Jürgen Bähr: Chile**
204 Seiten, kart.                     Klettbuch 928751

**Peter Frankenberg: Tunesien**
*Ein Entwicklungsland im maghrebinischen Orient*
172 Seiten, kart.                     Klettbuch 928741

**Dietrich Kühne: Malaysia**
*Tropenland im Widerspiel von Mensch und Natur*
187 Seiten, kart.                     Klettbuch 928771

**Werner Röll: Indonesien**
*Entwicklungsprobleme einer tropischen Inselwelt*
206 Seiten, kart.                     Klettbuch 928711

**Ting Kai Chen: Die Volksrepublik China**
*Nord und Süd in der Entwicklung*
Mit Beiträgen von Keith Buchanan und Harry Hamm
220 Seiten, kart.                     Klettbuch 92805

Die Reihe wird fortgesetzt.